京津冀
超级无缝游

藏羚羊旅行指南编辑部　编著

北京
天津
河北

北京出版集团公司
北京出版社

图书在版编目（CIP）数据

京津冀超级无缝游 / 藏羚羊旅行指南编辑部编著. —
北京：北京出版社，2015.9
ISBN 978-7-200-11641-0

Ⅰ. ①京… Ⅱ. ①藏… Ⅲ. ①旅游指南—华北地区
Ⅳ. ①K928.92

中国版本图书馆CIP数据核字（2015）第240938号

京津冀超级无缝游

JING-JIN-JI CHAOJI WUFENGYOU

藏羚羊旅行指南编辑部　编著

*

北 京 出 版 集 团 公 司
北 京 出 版 社　出版
（北京北三环中路6号）
邮政编码：100120

网　　　址：www.bph.com.cn
北 京 出 版 集 团 公 司 总 发 行
新 华 书 店 经 销
三河市庆怀印装有限公司印刷

*

787毫米×1092毫米　32开本　9.5印张　240千字
2015年9月第1版　2015年9月第1次印刷
ISBN 978-7-200-11641-0

定价：45.00元
质量监督电话：010-58572393

前言 〉

　　京、津、冀同属华北地区，山水相连，交通相通。三地旅游资源丰富，几乎涵盖了我国北方各种形态的旅游景点，既有故宫、长城全世界知名景点，又有十渡、白洋淀民间著名景点，同时还有丰宁、张北这类壮美自然景观。在"京津冀协同发展"国家政策的推动下，三地交通将实现真正的无缝链接，三地也必将实现完全的无缝畅游。随着政策的逐步落实，越来越多的人们会选择周末或是小长假横跨京、津、冀地区的旅游路线，而本书《京津冀超级无缝游》应运而生。

我们为您提供了哪些实用信息？

- ◉ 提供 16 类主题旅游安排
- ◉ 拥有 50 多条精选旅游路线
- ◉ 涵及 800 个经典旅游景点

为什么选择本书？

　　真实——每一处线路规划、攻略信息均为旅游达人踩线所得

　　无缝——每一条路线都是跨区域设计，打破行政区域限制

　　实用——每一条路线都会给出玩几天、怎么去、玩什么等实用信息

　　精美——每一个景点都配以精美彩图，让读者完全了解景点之美、之魅

　　作为一本贯穿北京、天津、河北三地之间的旅游指南攻略，本书一定能让你真真切切地感受"京津冀"大区域的魅力。当你在繁忙的工作中，想要拥有一段时间的放松，抽身去感受自然所带来的美景，请拿起这本书，带上您的家人和美好的心情，上路吧！

目录

Part 2 天津篇 **99**

Part 3 河北篇 ·········· **191**

Part 1 北京篇

周末
亲子 **游**

中关村南大街
幼儿园路
万寿寺路 北京海洋馆
国家图书馆
北京动物园
紫竹院路 西直门外大街 西直门
二环

周末 亲子游 1

北京市内：北京动物园—北京海洋馆—国家图书馆

响水湖
慕田峪长城
红螺寺
河北
天津
北京

周末 亲子游 2

北京周边：北京—红螺寺—慕田峪长城—响水湖

北京
河北
天津市

周末 亲子游 3

北京周边：北京—天津市

> 北京动物园和北京海洋馆是非常适合带着孩子一起游览的地方，孩子在和动物的接触中能够引起好奇心，开发学习智力。而国家图书馆的馆藏图书，能满足他们的求知欲……

玩几天 〉

1天

怎么去 〉

地铁4号线动物园站下车，即可到达北京动物园。北京海洋馆位于北京动物园内。地铁4号线国家图书馆站下车，或从北京动物园出门，向西步行，都能到达国家图书馆。

玩什么 〉

北京动物园 ❶

🏠 西城区西直门外大街 137 号

🚇 地铁 4 号线动物园站下车

🕐 3 月 15 日至 4 月 30 日：7：30-17：30；5 月 1 日至 9 月 30 日：7：30-18：00；
10 月 1 日至 11 月 14 日：7：30-17：30；11 月 15 日至次年 3 月 14 日：7：30-
17：00

　　动物园占地面积约 86 万平方米，水面面积 8.6 万平方米，动物活动场地 6 万平方米。明代为皇家庄园，清初改为皇亲、勋臣傅恒三子福康安贝子的私人园邸，俗称三贝子花园。清光绪三十二年（1906 年），园中放养了一些动物，称万牲园。新中国成立后，将之全面整修扩充，辟为西郊公园。1955 年改名为"北京动物园"至今。北京动物园曾经培育和饲养了众多珍贵的野生动物。现在共饲养各类野生动物 490 余种，近 5 000 头（只），是中国最大的动物园之一，也是一座世界知名的动物园。动物园内有小溪湖沼、假山曲径、绿林繁花以及儿童游乐园、动物活动场。

北京海洋馆 ❷

🏠 西城区高梁桥斜街 218 号

🕐 4月1日至10月31日：9：00 - 17：30；11月1日至次年3月31日：9：00 - 17：00

坐落在北京动物园内长河北岸，毗邻北京展览馆。北京海洋馆占地 12 万平方米，建筑面积 4.2 万平方米，集观赏、科普教育和休闲娱乐于一体，是目前世界上最大的内陆水族馆。北京海洋馆拥有世界先进的维生系统，使用人工海水，总水量达 1.8 万吨。海洋馆建筑造型独特，犹如一只蓝色的大海螺。馆内以"教益学生，维系生态，陶冶大众"为宗旨，巧妙安排了"雨林奇观""触摸池""鲸豚湾""海洋剧院""海底环游""鲨鱼码头""国宝中华鲟鱼馆"等七个主题展示区域，馆内饲养和展示的海洋鱼类及生物达千余种、数万尾。海洋馆通过丰富的鱼类展示、珍贵濒危物种的保护宣传、精彩的海洋动物表演和各种科普活动，向游客介绍了水生生物的知识，讲述了大海的故事，倡导环保意识。游客在游览中既得到陶冶，又受到教益，提高了"关爱海洋动物、保护地球家园"的自觉意识。

国家图书馆 ❸

🏠 海淀区中关村南大街 33 号
🕐 周一至周日 9：00 - 17：00

　　总建筑面积 25 万平方米（含总馆一期、二期及古籍馆），在"世界十大图书馆"中位列第三。总馆一期位于紫竹院公园北侧，1987 年落成，建筑面积 14 万平方米，曾荣膺 20 世纪 80 年代北京十大建筑榜首。总馆二期集智能化和现代化于一体，建筑面积 8 万多平方米。同期建设的国家数字图书馆工程极大地拓展了服务空间，使国家图书馆成为跨越时空限制的网上知识中心和信息服务基地。文津街古籍馆坐落于北海公园西侧，建筑面积 3 万平方米。国家图书馆是中国国家总书库、国家书目中心、国家古籍保护中心，有着丰富的文献资源和先进的现代技术。国家图书馆"全年候"开馆，读者凭第二代身份证可直接阅览开架文献，办理读者卡免收工本费。馆内共设有 48 个各具特色、可以满足读者不同需求的阅览室。二期新馆内设有宽松的阅览区、安静的研究区、宽敞的公共区、高雅的学术区、温馨的休闲区，形成"查、阅、咨、藏一体化"的新格局。馆内还采用 RFID 技术，使读者检索文献更方便、更快捷。馆内同时提供书刊外借服务和网上预约借书、续借图书和自助借还图书服务。

周末亲子游 2 北京周边：北京—红螺寺—慕田峪长城—响水湖

> 登红螺寺，观响水湖，爬慕田峪长城，这是带孩子的周末郊游好去处，即可观赏到北京京郊的优美风景，又可体验到明长城的精华……

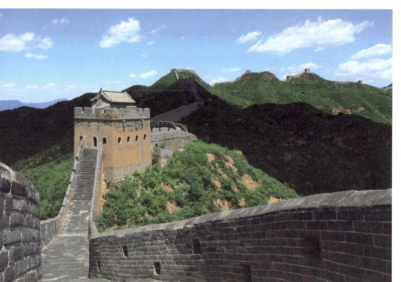

玩几天 》

1~2天

怎么去 》

乘坐867路公交车可直达红螺寺，从红螺寺到慕田峪长城和响水湖交通比较不方便，建议包车前往。

玩什么 〉

红螺寺 ❶

🏠 怀柔区怀柔镇卢庄村北
🚌 东直门乘 867 路红螺寺站下车
☎ 010-60681639
🕐 7：30-17：00

始建于东晋咸康四年（338年），为十方常住寺，是我国北方佛教发祥地和最大的佛教丛林，千余年来在佛教界中享有极高的地位。我国净土宗的最后两代祖师均与红螺寺有缘，世有"南有普陀，北有红螺"之说。该寺依山而建，寺庙周边林壑荫蔽，古树参天，为一方风水宝地。"红螺三绝景"——御竹林、雌雄银杏、紫藤寄松远近闻名，现已形成红螺寺、观音寺、五百罗汉园三个佛教文化区和红螺山、青龙山两个自然观景区"一日游"的观光格局，构成"春看花、夏避暑、秋观叶、冬赏岁寒三友"的景区特色。

慕田峪长城 ❷

🏠 怀柔区渤海镇慕田峪村
🚌 从东直门乘坐 916 路至怀柔北大街或 867 路至怀柔于家园站下车，再转车至慕田峪长城

位于北京市怀柔区。早在南北朝时期，北齐（550—577 年）就在慕田峪修筑长城。据考证，慕田峪长城是明初朱元璋手下大将徐达在北齐长城遗址上督建而成的，是万里长城的精华所在。慕田峪敌楼密集，关隘险要，城两侧均有垛口。由于地理位置十分重要，慕田峪关自古以来就是守卫北京的军事要冲，此段长城东连密云的古北口，西接昌平的居庸关，是京师北门黄花镇的东段，自古就是守卫京师、皇陵的北方屏障的重要关口之一，被称为"危岭雄关"。隆庆三年（1569 年），谭纶（也作谭伦）、戚继光镇守京畿时，又在明初长城的基础上加以修葺。现在慕田峪所保留修复的长城，是全国明长城遗迹中保存较好的。

响水湖 ❸

🏠 怀柔区渤海镇大榛峪村东
🕐 每年 3 月和 4 月景区都会举办春季植树活动，9 月和 10 月则有金秋赏叶采摘节

位于怀柔区渤海镇大榛峪村东，是集长城、古洞、山川、泉、潭、瀑布于一体的旅游风景区。景区整体占地面积 18 平方公里，主要景观有响水湖、磨石口长城和连云岭长城。位于景区北部的响水湖并不是一片很大的水域，因泉水的源头流量较大，千米之外便可听到湖水的响声，故名响水湖。明代长城盘踞于景区山脊之上。此处长城为古长城磨石口关，建于明永乐 2 年（1404 年），距今有 600 余年的历史。明万历年间在此修筑了一个水关，也叫"瓮城"，并设有两道关门，故又称"双关子"，是古长城中少有的关口样式，现保存较完整。

北京

河北

天津市

> 提起天津，我们很容易联想到当地的各种欧式建筑。由于特定的历史原因，这些建筑汇聚了英国、法国、德国、意大利、西班牙等多国风格。
>
> 天津话是北方方言中很特别的一种，因为声调低平的特点，言谈话语间多能营造一种直爽、幽默的氛围。著名相声泰斗马三立就是利用天津话进行相声表演的艺术大师。

玩几天 〉

2~3天

怎么去 〉

北京到天津非常方便，北京南站有直达天津的动车和高铁，半小时左右即可抵达。

天津五大道 ❶

　　五大道风情区实则为六大道，即成都道、重庆道、常德道、大理道、睦南道和马场道，为了方便管理，习惯称之为五大道。五大道位于原先的英租界内，它最吸引人的就是那些风格迥异的欧陆风情的小洋楼，这里汇聚着英、法、意、德、西班牙等国的各式风貌建筑230多幢，名人名宅50余座，仅睦南道短短3 000米，就有风貌建筑74幢，名人故居22处。五大道地区的地名有三个特点：一是独立宅邸多，里巷数量少，而名人名楼概以门牌为标志，不另命名，不设匾牌；二是街巷通名以"里"为主，"胡同"之名在这里已销声匿迹；三是出现了"大楼""别墅""村""坊"一类公寓庄园的通名，如香港大楼、马场别墅、剑桥大楼、安乐村和育文坊等。

　　五大道首推马场道和睦南道，在这两条不宽的马路上，小洋楼和名人故居最为集中。常德道、重庆道、成都道有很多餐饮娱乐场所，茶馆、酒吧、西餐厅在这里云集。

意大利风情区 ❷

　　意大利风情区坐落在天津的海河河畔，现在是天津海河风景区的重要景点和游览休闲区。新中国成立前这里一度是意大利人在天津的租界，建于1902年，占地约28万平方米。这里是中国唯一的意租界，也是意大利在境外的唯一一处租界。风情区内历经百余年的建筑大多保存完整，意式建筑风格典雅，角亭高低错落，别有一番情趣。

瓷房子 ❸

🏠 天津市和平区赤峰道 72 号
🚌 乘坐 1、17、185、609 路公交车即到
☎ 022-27123366
🕐 9：00-18：00

　　"瓷房子"是天津粤唯鲜集团董事长张连志先生在一座年久失修、闲置十余年的法式建筑基础上，历经六年心血精心打造的"中国古瓷博物馆"。整座洋楼通体镶嵌有 7 亿多片古瓷片、1.3 万多个古瓷盘和古瓷碗、300 多个瓷猫枕、300 多个汉白玉唐宋石狮子、300 多尊北魏北齐和大唐等朝代的石雕造像和 20 多吨水晶石与玛瑙。房内还陈列着许多房主收藏的古董及工艺品，可以零距离地欣赏。

　　参观完瓷房子，也一定不要错过位于五大道上的粤唯鲜餐厅，这里俗称"疙瘩楼"，它与瓷房子属于同一位主人。

天津劝业场 ❹

🏠 天津市和平区和平路 290 号
🚌 乘坐 24、642、688 路公交车即到
☎ 022-27211111
🕐 9：30-21：00

　　天津劝业场于 1926 年筹建，1928 年建成开业，1931 年加建第六、七层作为戏院等娱乐场所，建筑面积约 2.96 万平方米，是天津著名的老字号商场。"天津劝业场"的匾额为天津著名书法家华世奎所书，被国家定为中华历代名匾。劝业场具有那个时代鲜明的建筑特色，西洋式的高层建筑，气派堂皇。最为重要的是，它历经风雨沧桑、朝代更迭，已然成为时间雕琢的艺术品，且带着那个时代风雨飘摇的浮华与辉煌。

开滦矿务局大楼 ❺

🏠 天津市和平区泰安道 5 号
🚌 乘坐 643 路公交车在湖北路站下车

　　开滦矿务局大楼建于 1919—1921
年，由英商同和工程司美籍工程师爱
迪克生和达拉斯设计。大楼总建筑面
积 9 180 平方米，建筑风格为希腊古
典复兴式、三层混合结构，是欧洲古
典建筑形式的代表作。现为中共天津
市委的办公楼。

西岸相声会馆 ❻

🏠 天津市河西区徽州道 29 号
🚌 地铁在下瓦房站下车
☎ 4001188921
🕐 周二至周五 19：30；周六、周日
　 14：30；售票时间：周二至周日
　 14：00-22：00

　　天津相声有名，除了名流茶馆，
人民公园里的西岸相声会馆也值得推
荐。西岸相声会馆主要起用年轻演员，
选材大胆，用词辛辣，特别受 20 ～ 30
岁年轻听众的喜爱。场馆里面分为上
下两层，一层大厅前后又分为沙发、
木桌两种，可以来壶茶，嗑着瓜子，
欣赏精彩的新派津门相声表演。

住哪里 〉

天津海河假日酒店

🏠 天津市河北区海河东路凤凰商贸广场 A 座
☎ 022-26278888
¥ 高级房 490 元，标准大床间 558 元

天津日航酒店

🏠 天津市和平区南京路 189 号
☎ 022-83198888
¥ 高级客房 698 元，高级大床房 593 元

天津海河英迪格酒店

🏠 天津市河西区解放南路 314 号
☎ 022-88328888
¥ 高级双床房 859 元，豪华双床房 1059 元

天津恒大酒店

🏠 天津市蓟县官庄镇恒大金碧天下
☎ 022-59166666
¥ 豪华双床房 1020 元，豪华大床房 1100 元

吃什么 〉

十八街麻花

其特点是香、酥、脆、甜，在干燥通风处放置数月不走味、不绵软、不变质。

耳朵眼炸糕

耳朵眼炸糕外观呈扁球状、淡金黄色，馅心黑红细腻。创始于清光绪年间，其创始人"炸糕刘"将店铺开在位于北门外窄小的耳朵眼胡同的出口处，被众食客戏称为"耳朵眼炸糕"。

狗不理包子

"狗不理"包子已有百余年的历史，其关键在于精工细作，用料讲究，肉香而不腻，口感鲜美。

煎饼馃子

煎饼子是天津的知名小吃，地道的煎饼子要用绿豆面作为原料，而且越纯越好。卷在煎饼里面的"子"（油条或者薄脆）是当天新炸的，脆香焦黄。

小宝栗子

小宝栗子在天津颇具知名度，经店家精心挑选的每一颗板栗，色泽光亮、颗粒饱满、易于剥皮、栗香纯正、入口鲜糯甘甜。

糖堆

糖堆就是冰糖葫芦，过去的天津街头，常常可以看到一些小贩手挎竹篮或肩扛草把子，上面堆满或插满一串串火红娇艳、晶莹透亮的冰糖葫芦。

历史文化 **游**

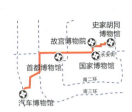

历史文化游1

北京市内：汽车博物馆—首都博物馆—国家博物馆—故宫博物院—史家胡同博物馆

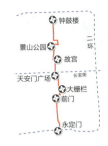

历史文化游2

北京市内：永定门—前门、大栅栏—天安门广场—故宫—景山公园—钟鼓楼

历史文化游3

北京市内：北京大学—圆明园—颐和园

历史文化游4

北京周边：北京—沧州—泊头市—吴桥县

历史文化游 1 北京市内：汽车博物馆—首都博物馆—国家博物馆—故宫博物院—史家胡同博物馆

> 北京作为全国政治文化中心，文化是不可或缺的一部分，各种类型的博物馆及展览，让我们既可看到作为现代大都市的北京，又能感受到其悠久的历史文化。

玩几天 〉

2~3天

怎么去 〉

从首都博物馆乘地铁1号线到天安门东站下车，抵达国家博物馆，过马路向北步行约1公里，过天安门即可抵达故宫博物院。故宫东门的专2路环线可抵达史家胡同。乘坐地铁6号线换乘9号线，东四站上车，丰台科技园站下车，可抵达汽车博物馆。

26 北京篇

玩什么 ＞

汽车博物馆 ❶

🏠 北京市丰台区南四环西路 126 号
🚇 坐地铁 9 号线科怡路站下，乘 740、996、特 9、运通 115 怡海花园南门站下
☎ 010-63756666
🕐 周二至周日 9：00-17：00（16：00 停止入馆）
💻 http://www.automuseum.org.cn

2011 年开放的北京汽车博物馆是我国第一个由政府主导建设的汽车类专题博物馆，以"社会人"的视野，把"车"作为载体，按照"科学 - 技术 - 社会"的选题方式，讲述世界汽车工业百年发展历程所带来的科技文明进步、产业迅猛发展、技术不断变革、产品日趋多元的背后故事。汽车博物馆室内设计成一个开放的空间，充分考虑了展览陈设的需要，尤其是馆厅中央的三座双曲旋转步行钢桥是迄今为止最大的室内钢梯之一，钢梯一侧可摆放 20 辆经典名车的垂直循环展览装置更是点睛之笔；中庭是整个博物馆的中心，在这个景观的绝佳方位不仅能够一览全景，而且保证了各层之间的视觉连接和流线连接；自上而下的灯柱"希望之光"营造出对未来充满无限遐想的意境。

首都博物馆 ❷

🏠 北京市西城区复兴门外大街 16 号
🚌 地铁 1 号线木樨地站下，公交车 1、4、52 路工会大楼下车
☎ 010-63393339/63370491/63370492
🕐 9：00-17：00，16：00 停止入馆，周一闭馆
🖱 http://www.capitalmuseum.org.cn/

首都博物馆于 1981 年对外开放，其新馆于 2006 年 5 月 18 日正式开馆。新馆的展览陈列以首都博物馆历年收藏和北京地区的出土文物为基本素材，吸收北京历史、文物、考古及相关学科的最新研究成果，借鉴国内外博物馆的成功经验，形成独具北京特色的现代化展陈。

首都博物馆的《古都北京·历史文化篇》《京城旧事——老北京民俗展》《古都北京·历史文化篇》是首都博物馆展陈的核心，表现了恢宏壮丽的北京文化和都城发展史，成为创建国内一流博物馆的品牌陈列。

国家博物馆 ❸

🏠 北京市东城区天安门广场东侧
🚌 地铁 1 号线天安门东站下车，2 号线前门站下车；公交 1、10、120、126、2、52、59、728、82、90、99 路等在天安门东站下车
☎ 010-65116400/65116188
🕐 9：00-17：00（15：30 停止售票，16：00 停止入馆，周一闭馆）
🖱 http://www.chnmuseum.cn

中国国家博物馆是在原中国历史博物馆和原中国革命博物馆的基础上组建而成的。1959 年 8 月，两馆大楼落成，总面积达 6.5 万多平方米，是当时北京的十大建筑之一。同年 10 月 1 日，国庆 10 周年之际开始接待游客。2003 年 2 月正式挂牌改名为中国国家博物馆。2007 年 3 月至 2010 年年底，中国国家博物馆进行了改扩建工程，改扩建后的中国国家博物馆建筑面积近 20 万平方米，于 2010 年年底竣工。

在这一世界最大的博物馆内有世界一流的硬件设施和功能设置，可以为公众提供高品位的历史和艺术类的展览以及其他文化休闲服务。这里不仅荟萃中华民族五千年的历史和文化艺术，见证中华民族百年的复兴之路，还有全方位和系列性地反映和表现世界文明成果的高品质展览。

故宫博物院 ❹

🏠 北京市景山前街 4 号

🚌 地铁 1 号线在天安门西站下车,公交 1、2、52、59、82、99、120 路等都可到达

☎ 010-65131892

🕐 旺季(4 月 1 日至 10 月 31 日),开始售票、开放进馆时间为 8∶30,停止售票时间(含钟表馆、珍宝馆)为 16∶00,停止入馆时间为 16∶10,清场时间为 17∶00;淡季(11 月 1 日至次年 3 月 31 日),开始售票、开放进馆时间为 8∶30,停止售票时间(含钟表馆、珍宝馆)为 15∶30,停止入馆时间为 15∶40,清场时间为 16∶30。除法定节假日和暑期(每年 7 月 1 日至 8 月 31 日)外每周一闭馆

🌐 http://www.dpm.org.cn

　　故宫旧称紫禁城,是明清两代的皇宫,这里居住过 24 位皇帝。故宫由明成祖朱棣始建,公元 1406 年开工,公元 1420 年基本竣工。故宫东西宽 753 米,南北长 961 米,面积约为 72.36 万平方米。宫城周围环绕着高 12 米、长 3 400 米的宫墙。故宫是长方形城池,墙外有 52 米宽的护城河环绕。故宫宫殿建筑均为木结构、青白石底座、黄琉璃瓦顶,饰以金碧辉煌的彩画。故宫有 4 个门,正门名午门,北门名神武门,东门名东华门,西门名西华门。相传故宫的房间一共有 9 999 间半。

　　在故宫博物院参观,一方面是欣赏古代建筑,一方面是欣赏珍藏的历代文物,其实古建本身就是最大的文物。

史家胡同博物馆 ❺

🏠 东城区史家胡同

🕐 周二至周日 9∶30-12∶00、14∶00-16∶30

　　史家胡同博物馆为北京第一家胡同博物馆,130 个院落微缩复原,设有 8 个展厅和一个多功能厅,各式各样的展品原样重现了当时的胡同生活。胡同博物馆里,还能听到胡同的"老声音"。这些声音分为 20 世纪 50 年代前、五六十年代和七八十年代三个时间段共 70 多种。"警哨""脚铃"等需要听音才能对上号的声响,"震惊闺""虎撑子"等都是老北京商贩招揽生意时用的响器。这里还收录了不同天气的胡同声音,让人仿佛一下就穿越回当时。

　　史家胡同曾居住过十多位历史名人,院落的原主人凌叔华曾是民国三大才女之一。除了名人,如今是史家小学的史家胡同,在历史上也曾是赴美留学生的考试地点。

历史文化游 **2** 北京市内：永定门—前门、大栅栏—天安门广场—故宫—景山公园—钟鼓楼

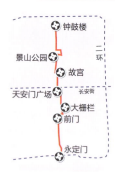

钟鼓楼

景山公园

故宫

天安门广场

大栅栏

前门

永定门

二环

长安街

> 游览北京最经典的一条路线，从永定门出发至钟鼓楼，由南至北贯穿北京，因此这条路线也被称为'中轴线'。毫不夸张地说，要想了解北京，必须走一下这条路线。

玩几天 〉

1~2天

怎么去 〉

永定门到前门的公交车很多，交通便利。从前门、大栅栏到天安门广场和故宫步行即可。从故宫北门出来即到景山公园。景山公园到钟鼓楼有一段距离，建议步行，可欣赏沿途胡同景色。

玩什么 〉

永定门 ❶

🏠 东城区永定门内大街（近南二环路）
🚌 公交 36、210、7、17、20、69、71、203、626、692、空调 707、729、926、926 路支永定门内站

　　永定门位于左安门和右安门中间，是老北京外城 7 座城门中最大的一座，也是从南部出入京城的通衢要道。永定门始建于明嘉靖时期，跨越明、清两代。城楼形制一如内城，重檐歇山三滴水楼阁式建筑，灰筒瓦绿琉璃瓦剪边顶，面阔五间，通宽 24 米；进深三间，通进深 10.50 米；楼连台通高 26 米。永定门本在 1957 年被拆除，现存城楼为 2004 年重建。

前门、大栅栏 ❷

🚌 地铁 2 号线 或 5、8、17、22、48、59、66、69、71、82、120、126、301、626、646、690、692、729 路公交车在前门站下车

　　前门大街始建于明朝嘉靖二十九年（1550 年），是北京古城的中轴线，北起正阳门箭楼，南至天坛路，1965 年正式定名为前门大街。

　　前门大街是北京著名的商业街。20 世纪 50 年代初，前门大街的众多老字号依然屹立于此，前门大街东有大北照相馆、庆林春茶叶店、通三益果品海味店、力力餐厅、天成斋饽饽铺、便宜坊烤鸭店、老正兴饭庄、普兰德洗染店、亿兆棉织百货商店、前门五金店等店铺；西有月盛斋酱肉铺、华孚钟表店、庆颐堂药店、一条龙羊肉馆、盛锡福帽店、公兴文化用品店、祥聚公饽饽铺、龙顺成木器门市部、前门大街麻绳店、前门自行车商店、前门信托商店等店铺。2008 年 8 月前门大街重新开放，完整重现了 20 世纪初期的原景，已经成为北京必游之地了。

天安门广场 ❸

天安门广场位于北京中轴线上，东起中国国家博物馆，西至人民大会堂，南至正阳门，北至天安门，东西宽 500 米，南北长 880 米，面积达 44 万平方米，是现今世界上最大的城市广场，可容纳 100 万人举行盛大集会。天安门坐落于广场的北端，建于明永乐十五年（1417 年），原名承天门，清顺治八年（1651 年）改建，后称天安门。城门五阙，重楼九楹，通高 33.7 米。在 2 000 余平方米雕刻精美的汉白玉须弥基座上是高十余米的红白墩台，墩台上是金碧辉煌的天安门城楼。天安门城楼下是波光粼粼的金水河，河上有 5 座雕琢精美的汉白玉金水桥。城楼前两对雄健的石狮与挺秀的华表巧妙地搭配在一起。

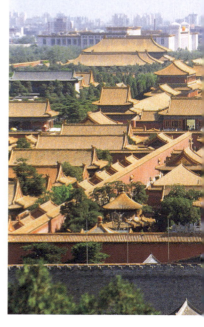

故宫 ❹

🏠 东城区景山前街 4 号
🚇 地铁 1 号线天安门东 A 口
🕐 4 月 1 日至 10 月 31 日 8：30-17：00
   11 月 1 日至次 年 3 月 31 日 8：30-
   16：30

故宫旧称紫禁城，为明、清两代的皇宫，被誉为"世界五大宫之首"。故宫由明朝皇帝朱棣始建，1406 年开工，1420 年基本竣工。故宫建成后，经历了明、清两个王朝，到 1911 年清帝逊位约 500 年间，明、清两个朝代共有 24 位皇帝在此居住。

故宫东西宽 753 米，南北长 961 米，面积约为 72.36 万平方米，建筑面积 15.5 万平方米。宫城周围环绕着高 12 米，长 3 400 米的宫墙。形

式为一长方形城池，墙外环绕着52米宽的护城河，形成一个坚固的城堡。故宫宫殿建筑均为木结构、青白石底座、黄琉璃瓦顶，饰以金碧辉煌的彩画。故宫有4个门，正门名午门，北门名神武门，东门名东华门，西门名西华门。故宫的建筑依据其布局与功用分为"外朝"与"内廷"两大部分。"外朝"与"内廷"以乾清门为界，乾清门以南为外朝，以北为内廷。故宫外朝、内廷的建筑布局和风格迥然不同。外朝以太和、中和、保和三大殿为中心，是皇帝举行朝政的地方，也称"前朝"。封建皇帝就在这里举行盛典、行使权力。此外，两翼东有文华殿、上

驷院、南三所、文渊阁，西有内务府、武英殿等建筑。内廷以乾清宫、坤宁宫、交泰殿后三宫为中心，两翼为养心殿、东六宫、西六宫、毓庆宫、斋宫，后有御花园，是封建帝王与后妃的居住之所。宁寿宫是为乾隆皇帝退位后养老而修建。内廷西部有慈宁宫、寿安宫等。此外还有重华宫、北五所等建筑。

故宫藏有大量珍贵文物，占全国文物总数的1/6。故宫的一些宫殿中设立了综合性的绘画馆、历史艺术馆、青铜器馆、明清工艺美术馆、分类的陶瓷馆、文房四宝馆、玩物馆、铭刻馆、玩具馆、珍宝馆、钟表馆和清代宫廷典章文物展览等。

景山公园 ⑤

🏠 西城区景山西街 44 号

🚌 乘坐 60、111、124 路公交车景山东街下

🕐 6：30 -19：30

　　景山公园是唯一可以从高处俯瞰紫禁城的地方，它位于北京城中轴线，在故宫北面，是我国历史最悠久、保存最完整的宫苑园林之一。辽代时，幽州（包含今北京）被定为南京。辽太宗耶律德光在北海建瑶屿行宫，将开挖北海的泥土，分别堆在景山与琼华岛两个较大的土丘之上，自此，便有了景山。景山相对高度为 45.7米，登顶景山，俯瞰北京，可将皇城风貌一览无遗。到元代，皇帝忽必烈将景山划为皇城的重要组成部分，修建了集祥阁、护国忠义庙、兴庆阁、奉先殿、观德殿、永思殿等；又遍植百果，栽种牡丹，修建观花殿等用以游春赏月。景山曾称"万岁山"，清顺治八年，改称为景山。乾隆年间，山前修建了绮望楼、五方佛亭、万春亭等。1928 年开辟为公园，园内现有古松柏 1 000 余株，植有牡丹、芍药等花卉几万株，三季花开不败，松柏四季常青。

钟鼓楼 ❻

🏠 东城区地安门外大街北端
🚌 北京观光1、2号线,5、60、107电车、124电车、635路公交车,鼓楼站下车即是;地铁2号线鼓楼大街下F口出
🕐 旺季(4月16日至11月15日):
9:00-17:30;
淡季(11月16日至次年4月15日):
10:00-17:00,无闭馆日

作为古代报时的建筑,很多古城都有钟楼鼓楼,比如西安、南京和北京。北京的钟鼓楼坐落在南北中轴线北端,鼓楼在南,钟楼在北,两楼前后纵置,气势雄伟。钟鼓楼是元、明、清三代京城的报时中心。钟楼高47.9米,鼓楼高46.7米,都具有极高的建筑艺术价值。清代原规定钟楼昼夜报时,乾隆后改为只报夜里两个更时,而且由两个更夫分别登钟、鼓楼,先击鼓后敲钟。2001年岁末的午夜11时57分,北京鼓楼沉寂了近百年的群鼓再度被敲响——25位年轻鼓手表演了《二十四节令鼓之冬》乐章,鼓声持续3分钟,到2002年元旦0时结束。鼓楼从2002年元旦起,正式对外开放。每天击鼓4次,每次15分钟。

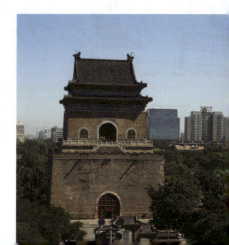

> 每到暑假的时候，这条路线上总是熙熙攘攘。尤其是北京大学内，汇集了来自全国各地的中小学生。紧邻北大的就是圆明园，盛夏之际，园内荷花盛开，清香扑鼻。再往西就是颐和园。

玩几天 〉

1~2 天

怎么去 〉

这条路线上的三个景点都坐落在地铁四号沿线上，且三站紧挨着，游览起来非常方便。

玩什么 〉

北京大学 ❶

🏠 海淀区颐和园路 5 号
🚇 地铁 4 号线北京大学东门站

创办于 1898 年，初名为"京师大学堂"，是中国第一所国立综合性大学，也是当时最高教育行政机关。辛亥革命之后，1912 年更名为"北京大学"。作为"五四"运动的策源地和新文化运动的中心，作为中国民主、科学思想的发祥地和最早传播马克思主义的阵地，作为中国共产党最早的活动基地，北京大学为民族的振兴和解放、国家的建设和发展、社会的文明和进步做出了不可替代的贡献，在中国走向现代化的进程中起到了重要的作用。1917 年，著名教育家蔡元培出任北京大学校长，他"循思想自由原则，取兼容并包主义"，对北京大学进行了卓有成效的改革，促进了思想解放和学术繁荣。陈独秀、李大钊、毛泽东以及鲁迅、胡适等一批杰出人才都曾在北京大学任职或任教。1998 年 5 月 4 日，北京大学百年校庆，在国家的支持下，北京大学适时启动"创建世界一流大学计划"，从此，北京大学的历史翻开了新的一页。2000 年 4 月 3 日，北京大学与原北京医科大学合并，组建了新的北京大学。2008 年奥运会期间，乒乓球馆就选在北京大学。

圆明园 ❷

🏠 海淀区清华西路 28 号

🕐 7：00 -18：00

🚌 南门：319、320、331、432、438、498、601、626、628、664、690、696、697、特 6 路；东门：365、432、562、614、656、664、681、717、848、982、特 4、运通 105 路、运通 205 路

雍正皇帝曾经对"圆明园"这个园名有过解释，他说"圆明"二字的含义是："圆而入神，君子之时中也；明而普照，达人之睿智也。"意思是说，"圆"是指个人品德圆满无缺，超越常人；"明"是指政治业绩明光普照，完美明智。这可以说是封建时代统治阶级标榜明君贤相的理想标准。圆明园坐落于海淀区清华西路28 号，东有清华，南接北大，西与颐和园紧相毗邻。圆明园始建于康熙四十六年（1707 年），由圆明、长春、绮春三园组成，占地面积 350 万平方米，其中水面面积约 140 万平方米。园中有园林风景百余处，建筑面积逾16 万平方米，是清朝帝王在 150 余年间创建和经营的一座大型皇家宫苑。

圆明园，继承了中国 3 000 多年的优秀造园传统，既有江南园林的委婉多姿，又有宫廷建筑的雍容华贵。同时，圆明园还吸取了欧洲的园林建筑形式，把不同风格的园林建筑融为一体。法国大作家雨果曾说："即使把我国所有圣母院的全部宝物加在一起，也不能同这个规模宏大而富丽堂皇的东方博物馆媲美。"圆明园被世人誉为"万园之园"和"东方凡尔赛宫"。1860 年 10 月，圆明园不幸惨遭英法联军野蛮的劫掠焚毁，以后又经历了无数次毁灭和劫掠，一代名园最终沦为一片废墟。经过血与火的洗礼，圆明园犹如中国近代史的一面镜子，撼人心魄。

颐和园 ❸

🏠 海淀区新建宫门路 19 号
🕐 旺季（4 月 1 日至 10 月 31 日）大门开放时间 6：30 –18：00，
园中园开放时间 8：30 –17：00；淡季（11 月 1 日至次年 3 月 31 日）
大门开放时间：7：00 –17：00，园中园开放时间：9：00 –16：00
🚌 颐和园：330、331、332、346、394、718、690、696、683、601、608、626 路；
颐和园北宫门：地铁 4 号线北宫门下车；303、330、331、346、375、384、563、
697、718、696、683、601、608、特 10、特 5 路；
颐和园新建宫门：374、437、74、952 路；
颐和园西门：469 路、539 路

　　位于北京西北郊海淀区，距北京城区 15 公里。颐和园始建于 1750 年，1764 年建成，原名清漪园，面积 290 万平方米，水面约占 3/4，原是清朝帝王的行宫和花园，是利用昆明湖、万寿山为基址，以杭州西湖风景为蓝本，汲取江南园林的某些设计手法和意境建成的一座大型天然山水园，也是现存最完整的一座皇家行宫御苑，为中国四大名园（另三座为承德的避暑山庄，苏州的拙政园和留园）之一，被誉为皇家园林博物馆。光绪十四年（1888 年），慈禧太后以筹措海军经费的名义动用 3 000 万两白银重建清漪园，并改名为颐和园。光绪二十六年（1900 年），颐和园遭八国联军破坏，许多建筑物被毁，光绪二十九年（1903 年）重修。园内建筑以佛香阁为中心，有建筑物百余座、大小院落 20 余处。园中主要景点大致分为三个区域：以乐寿堂、玉澜堂、宜芸馆等庭院为代表的生活区；以仁寿殿为代表的政治活动区和万寿山与昆明湖等景点组成的风景游览区。其中佛香阁、长廊、石舫、苏州街、十七孔桥、谐趣园、大戏台等都已成为家喻户晓的代表性建筑。

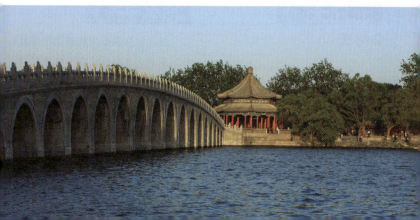

> 沧州是连接北京、天津、河北、山东的重要枢纽，更有京杭大运河贯穿全境，其虽不算著名旅游区，却有一些不错的旅游资源……

玩几天 〉

2~3天

怎么去 〉

沧州是我国北方的重要交通枢纽，京沪（北京－上海）铁路和朔黄（朔州－黄骅港）铁路在沧州交会。京九（北京－九龙）铁路、朔黄（朔州－黄骅港）铁路在该市肃宁县交会。来沧州旅游，乘坐火车还是很方便的。

玩什么 〉

清真北大寺 ❶

🏠 沧州市新华区解放中路南侧

这里是中国四大清真寺之一，也是著名的穆斯林聚集地，第一部汉译《古兰经》就诞生于此。清真北大寺始建于明建文末年（1402年），于永乐十八年（1420年）正式落成。其建筑形式为中国古典式，分前、后、东三院，即讲堂、对厅、经学堂等。礼拜大殿面东，建筑呈"主"字形，由前中后三殿和古棚组成。令人惊叹的是，寺内有三座南北并立的攒尖顶亭，如山峰耸立，雕梁画栋，雄伟壮观，堪称中国清真寺建筑的瑰宝。

沧州铁狮子 ❷

🏠 沧州市东南20公里沧州旧城开元
🚌 可乘去往盐山的长途客车，在沧县下车，还需租车前往

铁狮子景点不在沧州市区，而是在从沧州往盐山的路上。铁狮子铸于后周广顺三年（953年），距今已有1 000多年的历史，采用"泥范明铸法"铸成，具有较高的历史、科学和艺术价值，是全国重点文物保护单位。铁狮子宽5.35米，身长6.3米，身高6.6米，体宽3米，重约40吨，素有"狮子王"的美誉。

南大港湿地 ❸

🏠 沧州市吴桥县桑园镇京福路 1 号

🚌 自驾车沿 205 国道经南排河路东行，再转向北过南大港农场场部即到

　　南大港湿地公共交通比较不便，如果来这里游玩，最好的方法是从黄骅市包车前往，这里更适合自驾旅游。

　　来南大港湿地就是要观鸟，对于摄影爱好者来说，很多人都会根据季节不同，拍摄不同的鸟类。最佳的观鸟时间在 5 月初至 8 月末。这里的候鸟都比较怕人，一般是不能靠近的，所以如果要仔细地观察不同种类的鸟的个体，就一定要准备一个高倍望远镜。这里候鸟的种类非常多，来之前最好能够预习一下相关的知识，或者向当地居民多多打听。

铁佛寺 ❹

🏠 沧州市东光县
🚌 在沧州东光县火车站附近

　　素以"沧州狮子景州塔，东光县的铁菩萨"闻名遐迩的铁佛寺，始建于北宋开宝五年（973年），距今已有1 000多年的历史。山门正中门楣上的"铁佛寺"三个大字是由赵朴初先生亲笔书写的。天王殿和大雄宝殿的鎏金匾额，则出自爱新觉罗·溥杰之手。铁佛寺内共有佛像33尊，其中大雄宝殿内释迦牟尼佛高8.24米，重48吨，是我国最大的座式铸铁佛像。

泊头清真寺 ❺

🏠 泊头市清真街南端
🚌 火车站乘坐6路

　　始建于明永乐二年（1404年），明嘉靖、万历年间重修，明崇祯年间扩建。寺内院落基本上分为三重：前院、中院和殿庭。前院左右有南北义学堂，中间是望月楼；中院为南北配殿；殿庭有南北讲堂，大殿前月台东端有花殿阁。望月楼高24米，楼内下为阁、上为厅。大殿包括抱厦、前殿、中殿、后窑殿四部分，平面呈凸形。

吴桥杂技大世界 ❻

🏠 吴桥县京福路 1 号
🚌 自驾车走京沪高速从吴桥出口下高速后左行
🕐 8：30 -18：00

　　1954 年，吴桥被周恩来亲自命名为"杂技之乡"。这里集中了中国民间杂技的精华："上至九十九，下至刚会走，吴桥耍杂技，人人有一手。"在吴桥，这绝对不是谣传。

　　他们不需要声光电等现代科技手段，单就是靠着杂技本身的技巧就能令人称绝。这里云集了众所周知的鬼手王宝合、唢呐吹破天等民间高手，也能看到蹬大缸等传统杂技项目。如果你对杂技艺术很感兴趣，这里一定会令你大开眼界、乘兴而归。

住哪里 〉

如家快捷酒店（沧州火车站店）

🏠 沧州市交通大街 9 号
☎ 0317-3058822
¥ 109 元起 / 晚

金狮国际酒店

🏠 沧州市迎宾大道 18 号
☎ 0317-5630888
¥ 288 元起 / 晚

吃什么 〉

羊肠汤

　　正宗的羊肠汤产自兴济。乳白色的肉汁，几段酱红的血肠，上面漂着红红的辣椒和几片翠绿的香菜叶，很是诱人。这是当地人非常喜爱的早餐，所以一般是在上午供应。

小鱼辣酱

　　用 2 ～ 3 厘米长的小鱼，加入辣椒等作料，烧开后慢慢熬制，除了具有熬鱼的清香外还带着一丝辣气。

清新避暑游

清新避暑游 **1**

北京周边：北京—延庆百里山水画廊

清新避暑游 **2**

北京周边：北京—十渡—野三坡

清新避暑游 **3**

北京周边：北京—古北水镇—承德避暑山庄

> 北京'延庆百里山水画廊'位于延庆县东北部千家店镇，属延庆生态涵养发展区的核心区，总面积371平方公里，距延庆县城40公里，距北京市区110公里。

玩几天 〉

2~3天

怎么去 〉

在德胜门乘坐919路公交车或乘坐S2线旅客列车到达延庆，在延庆南菜园汽车站换乘925支2线（千家店—滴水壶方向）公交车，即可到达。

玩什么 〉

延庆百里山水画廊 ❶

自驾路线 1：经京藏高速公路（八达岭高速公路）到延庆县城，往龙庆峡方向，走香龙路旅游专线（或往沈家营、永宁方向），沿"百里山水画廊""乌龙峡谷"指示牌即到；
自驾路线 2：从延庆县城出发，往龙庆峡方向，走香龙路旅游专线。途经永宁镇时，左拐上昌赤路，经过燕山天池，右拐上滦赤路，即到景区。比路线 1 路程稍远，但沿途风光旖旎，值得一试；
公交车：在德胜门乘坐 919 路公交车或乘坐 S2 线旅客列车到达延庆，在延庆南菜园汽车站换乘 925 支 2 线（千家店一滴水壶方向）公交车，即可到达

　　北京延庆"百里山水画廊"位于延庆县东北部千家店镇，属延庆生态涵养发展区的核心区，总面积 371 平方公里，距延庆县城 40 公里，距北京市区 110 公里。东与怀柔毗邻，北与河北省赤城县接壤，西南、东南分别与香营、刘斌堡、珍珠泉三个乡相连。滦赤、花千、花沙公路穿镇而过自成环线，交通便利，2007 年被评为北京市自驾游 10 条最佳线路之首。2010 年 9 月 17 日，经国家旅游局和全国旅游景区质量等级评定委员会批准，成为北京市首家涵盖全镇范围，实现"镇景合一"的大型国家 4A 级旅游景区，位于中国延庆世界地质公园内。

> 十渡和野三坡是北京著名的消夏胜地，在十渡玩漂流，在野三坡爬山、住农家院、吃农家菜，一个盛夏的周末就这样愉快地度过了！

玩几天 〉

2~3天

怎么去 〉

在天桥汽车站乘坐836张坊区间可直达十渡风景区，从十渡风景区去野三坡可乘坐火车，很方便。

玩什么 〉

十渡 ❶

🏠 房山区十渡镇
🚌 乘坐 836 快或者在天桥长途汽车站乘 917 路直达；如乘坐火车可在北京西站乘 Y595、6437、6438 次火车，票价 7 元
☎ 010-61340009

位于北京西南部，距市区 70 余公里，辖区面积 301 平方公里，是华北地区唯一以岩溶峰林、峰丛、河谷地貌为特色的自然风景区。十渡风景区的重要组成部分拒马河，蜿蜒迂回、穿山而过，宛如玉带，与山峰互相映衬，相得益彰，是北方少见的喀斯特地貌景观。景区山奇水秀，枫林叠嶂，被誉为"青山野渡、百里画廊"。十渡地区负氧离子含量极高，每立方米达 7 000 ~ 10 000 个，因而又有"自然空调、天然氧舱"之称。美丽的山水风光、丰厚的文化底蕴、丰富的生物资源使十渡成为影视外景拍摄的理想之地，曾先后有《武则天》《三国演义》《西楚霸王》《戏说乾隆》《天龙八部》《萧十一郎》等近百部电影、电视和广告在此选景。

野三坡 ❷

🏠 保定市涞水县
🚌 可以乘坐经停野三坡火车站的火车前往；自驾前往也是一个不错的选择
🕐 全天

野三坡的名气在京津冀地区很是响亮，景区开发得比较早，配套设施也健全。在这里你能够尽情地感受到自然风光以及农家田园风情。野三坡景点众多，绝不是一天就可游览完的，所以应当做好留宿的准备。虽然众多的景点也未必全部游玩到，不过百里峡景区和拒马河景区是不容错过的。这两个景区依山傍水，草木葱茏，山峦之间常有瀑布飞泻而下，或汹涌奔腾，或涓涓脉脉，既有大气磅礴的恢宏之势，又有小桥流水的娟秀婉约。在野三坡，游客不仅玩得尽兴，还可以品尝当地的美食，如三坡野菜、山蘑菇、烤全羊以及虹鳟鱼等。野三坡有火车站，距离景点很近。但是经停列车比较少，基本只分布在山西、河北至北京这条线上，所以其他省份的游客需要转车。野三坡的公路设施比较完善，自驾车前去会更方便一些。

> 古北水镇是一处旅游设施完善的景区，很有南方古城的特色，再配上司马台长城做背景，豪迈之气油然而生。出古城没多远就到承德，大名鼎鼎的避暑山庄就在这里，夏天，两个景点一起游玩相当不错。

玩几天 〉

2~3天

怎么去 〉

在东直门乘坐 980 路至密云西大桥站下次，换成密 38 或 51 路至司马台村站下车即可。古北水镇距离承德仅 80 公里，建议包车前往。

玩什么 〉

古北水镇 ❶

🏠 北京市密云县古北口镇司马台村古北水镇
🚌 自驾路线：京承高速24号司马台出口下高速后，右侧匝道向左行驶约2分钟
乘车路线：由东直门乘坐980路，在密云西大桥站下车，换乘密38路（"密云—司马台"牌子的公交车）或51路，在司马台村站下车，步行至古北水镇即可
🕐 夏季 9：00-18：00；冬季 9：00-17：00

　　位于北京市密云县古北口镇的古北水镇有着千年历史。《密云县志》上描述古北口："京师北控边塞，顺天所属以松亭、古北口、居庸三关为总要，而古北为尤冲。"

　　古镇依水而建，镇上有许多明、清、民国时期的充满北方大气威严风格的山地四合院，同时又包含有南方水乡特色的建筑，南北相融绽放出了最美的花朵。古镇内多河流，蓝天绿水环绕，群山白杨掩映，犹如采菊东篱下的写意。

　　紧邻古镇的司马台长城，被列入世界遗产名录。司马台长城是名将戚继光在原长城基础上修建的，加筑了许多御敌设施。1933年的古北口战役，古北口长城毁于炮火。而今我们看到的古北口长城被这种断壁残垣的映衬下更显苍劲，古朴恢宏之下更显气势。

承德避暑山庄 ❷

🏠 承德市丽正门路 20 号
🚍 在承德火车站下车后，乘 5 路公交车，在避暑山庄站下车
🕐 8：00-17：30

　　避暑山庄可谓是无人不知的景点。这个清朝皇帝的避暑之地，确实是个休闲的好去处。和故宫相比，这里少了几分威严和肃穆，多了几分亲切与祥和。避暑山庄山清水秀，庭院楼阁、舞榭歌台，颇有几分江南水乡的意蕴。山庄中的沧浪屿完全是按照江南园林的格局修建的。这里最有特色的是山庄之中还散养着 800 余只鹿，这为山庄增添了野趣。淡雅庄重的宫殿与如诗如画的自然景观和谐共融，达到了回归大自然、返璞归真的境界。

摄影
之旅

P58-P61

摄影
之旅 **1**

北京市内：南锣鼓巷—帽儿胡同—
烟袋斜街

P62-P69

摄影
之旅 **2**

北京周边：北京—蔚县—张家口—
坝上

> 来到北京一定要逛胡同，这条路线上的胡同就很有特色，胡同内既有昔日高门大院的王府，也有朴实无华的寻常百姓家，更有充满现代气息的创意店铺……

玩几天 〉

2~3天

怎么去 〉

乘坐地铁到南锣鼓巷站，出来即是南锣鼓巷步行街，帽儿胡同就在街道内部。从帽儿胡同西口出来，沿着前海东沿步行即可到达烟袋斜街。

玩什么 〉

南锣鼓巷 ❶

🏠 东城区

🚇 搭乘地铁 6 号线或 8 号线在南锣鼓巷站下车即可到达；或乘坐 13、60、118、612、623 路公交车，在锣鼓巷站下车

　　狭而不促的胡同里，道旁垂柳依依，青灰的四合院坐落两边，鳞次栉比连绵而去，身处闹市而又清静寂寥，胡同和四合院，大概是老北京在人们脑海中最为深刻的印象。多少年过去了，北京越来越大，而老北京风情却难寻芳踪，南锣鼓巷成了保留老北京里坊风貌最为完整的地方。

　　南锣鼓巷的辉煌持续了 700 多年，它曾是元大都的市中心，也曾是明清两朝的显贵之地，无数的皇亲贵戚、达官贵人、名士豪庭曾在此建府。随着清王朝的覆灭，南锣鼓巷的光环也随之暗淡，现在保留下来的名人故居包括：僧王府、段祺瑞旧宅和靳云鹏旧宅、可园、末代皇后婉容娘家、齐白石故居、茅盾故居等。保存完好的元代里坊格局和明清名人府邸使得南锣鼓巷鹤立鸡群，而沿街的民房现今已成为各种各样的个性店铺，成为老北京胡同游的必去之地。

帽儿胡同 ❷

🏠 东城区交道口街道帽儿胡同

🚌 搭乘 118 电车、13、42、60、612、623、701 路公交车在地安门东站下车即到

　　帽儿胡同位于北京市东城区西北部，东起南锣鼓巷，西至地安门外大街。明朝时候，称为梓潼庙文昌宫，清朝时称为帽儿胡同。文昌宫是供奉文昌帝的地方，文昌帝即文曲星，是神话传说中掌管文运的神仙。现在，建在文昌宫的基址之上的是帽儿胡同小学。帽儿胡同的 9 号和 11 号是可园，是京城最富代表性的私家园林之一。35 号和 37 号是末代皇后婉容故居。除婉容之外，这条胡同还住过很多名人，比如明代将领洪承畴、北洋军阀冯国璋等。

烟袋斜街 ❸

北京市西城区地安门外大街（距离鼓楼 50 米）

地铁二号线鼓楼大街下；乘坐 5、60、107、124、635 路公交车鼓楼站下车

烟袋斜街位于北京市地安门外大街鼓楼前，属西城区厂桥地界。在清末至二三十年代，街内以经营旱烟袋、水烟袋等烟具、古玩、书画、裱画、文具及风味小吃、服务行业等为主，其铺面建筑风格朴素并有北京北城特点，是北京北城较有名气的文化街，曾留下不少文化名人的足迹。

烟袋斜街东口在鼓楼前大街路西，其走向自东偏向西北，进东口约 50 米路北即为大石碑胡同的南口，可通往鼓楼西大街。斜街中部与义溜河沿相通，沿义溜河沿南行可达后门桥。斜街中部南口往西即是什刹海东沿，通银锭桥。斜街西口正中与鸦儿胡同东口相对，自鸦儿胡同西北行即可至名刹广化寺，再沿后海北沿可直达德胜门小市。斜街西口西南即为"银锭观山"之银锭桥，过桥南行为什刹海西沿，过桥西行为后海南沿，斜街西口之东北即小石碑胡同南口，可通至大石碑胡同中间。

坝上

张家口

蔚县

北京

> 蔚县，是北方知名的民俗之地，历史悠久，周围景观丰富。来张家口旅游可以感受到它特有的边塞风情。这里北临内蒙古，有广阔的草原，有河北最高的小五台山，还有美丽的永定河峡谷，自然风景美不胜收。

玩几天 〉

2~3 天

怎么去 〉

　　六里桥汽车站有直达蔚县的班车，每小时一班，很方便。蔚县到张家口有直达班车，车程约 2 小时。张家口长途汽车站有直达坝上草原的班车，每 20 分钟一班。

玩什么 〉

蔚州古城 ❶

🏠 张家口市蔚县城内

　　蔚州古城东门为安定门，楼为景阳楼；南门为景仙门，楼为万山楼；西门为清远门，楼为广运楼。三门外均建有高大雄壮的瓮城。隔护城河吊桥与内城相连，城外为三丈余深、七丈余宽的护城河。目前蔚州古城的南、东城墙已全部拆毁。剩余保存较好的是北城墙和西城墙的北段。东、西城门已毁，仅存南门。护城河东、西、南三面基本存在，三门外的石桥仍存。

蔚县空中草原 ❷

🏠 张家口市蔚县

　　空中草原属高山草甸，海拔2 158米，因其高峻平坦而名"空中草原"。南部怪石林立、悬崖蜿蜒，中部是36平方公里一望无际的大草原，北部是8 000亩森林。甸下峰峦叠嶂，甸上一望无垠。这里花草交织，绿茵如毯，白云飞渡，天地相连，美不可言。

张家口小五台山 ❸

🏠 张家口市东南部
🚌 乘去往蔚县的长途汽车，在西河营下车，然后乘坐电动三轮车或面包车到赤崖堡或西金河口管理站

　　小五台山又称东五台山、雪山，古称倒刺山。因由东、西、南、北、中5峰组成，且为区别于山西佛教名山五台山，故名小五台山。小五台山有铜环铁轴，当地人称"金环银地橛"，系着忻州卧牛城（忻州城的别称），镇着太原大龙城，小五台山是太原的镇城之山。小五台山的"系舟信雨"为阳曲县的古八景之一，碑记中有"数数降甘霖之露，频频显智慧之灯"的说法，民间气象谚语也称"小五台戴帽，长工睡觉"，即小五台山云盖山顶时即有雨来，因此这里又成为历代官宦、百姓求雨的名山。

沽源五花草甸 ❹

🏠 张家口市沽源县城南 7.5 公里
🚌 沽源县包车前往

　　五花草甸位于金莲川草原腹地的石头城水库和青年水库之间。五花草甸天然草场是中国最为典型的原始湿地草原，川流不息的葫芦河水从草地中流过。五花草甸是迄今为止河北省保存最完好、植被覆盖率最高、最具观赏性的天然草甸之一。

永定河峡谷 ❻

🏠 张家口市怀来县官厅镇永定河上游
🚌 乘坐北京去往张家口的火车，在拦河大坝车站下车，东行 300 米即到

永定河峡谷，又称官厅山峡、幽州峡谷，亦即永定河上游河谷，从官厅水库大坝到沿河城这一段，是永定河峡谷的精华所在。永定河像一条苍龙，冲入群山。这里才是真正的大江峡谷，河谷两侧山崖壁立，山体由石灰岩构成，深度风化。它与云南著名的三江秘境唯一的区别就是永定河两岸山色干枯，植被稀疏。但二者风景一样壮丽。这里最有名的就是永定河峡谷漂流了，在我国北方，它是开办最早（1995 年开办）、规模最大的漂流峡谷，号称"北方第一漂"。漂流始于官厅水库大坝到旧窝庄后涧湖段长约 10 公里的自然河段，一路风光无限。不过随着这里的名气越来越大，来玩漂流的人也是日渐增多，如果想玩得尽兴，建议选择珍珠湖漂流路线。

张北桦皮岭 ❺

🏠 张家口市坝下的崇礼县与坝上张北县交界处

俗话说"天下十三省，冷不过桦皮岭"。这里年均气温只有 4℃，盛夏 7 月温度也只有 15℃，夏天是到桦皮岭旅游最好的季节。桦皮岭坐落在燕山余脉的大马群山之中，最高海拔 2 128.7 米，是京西最高峰，有"子天山"之称。桦皮岭的背坡原始桦木葱葱郁郁。

坝上草原 ❼

🏠 河北省丰宁满族自治县

　　"坝上"草原是一个泛指，它横跨了张家口以及承德的北部地区。因为"坝上"所包括的四个草原景区的景色不分伯仲，所以一般来玩的游客都是只去其中某一个草原。坝上草原总面积约350平方公里，是内蒙古草原的一部分，平均海拔1486米，最高海拔约2400米，是滦河、潮河的发源地。这里气候比较凉爽，最佳旅游季节为夏季，夏季气温一般多在15℃左右，夜晚需要穿长袖衣服。环顾四野，在茂密的绿草甸子上，点缀着繁星般的野花。大片大片的白桦林，层层叠叠的枝叶间，漏下斑斑点点的日影。美丽的闪电河如玉带环绕，静静地流过你的身边。牛群、马群、羊群群栖觅食，放牧人粗犷的歌声和清脆的长鞭声，融合着悦耳动听的鸟声，更给朴实的草原增添了无限的生机。坝上草原夏季无暑热，清新宜人。斑斓的野花，始于坝缘，四季花色各异，

木兰围场 ⑧

🏠 承德市北部

早晚浓淡分明。夜幕降临，明月篝火。清晨起床，你可以踏着软软的天然草毡，聆听百鸟青翠的歌声，也可去看看草原的日出：一轮红日冉冉升起，绿叶上晶莹透明的露珠，立刻变成了闪烁的珍珠。各种植物转眼一片嫩绿，马群、牛群、羊群也在广阔的草原上开始漫步，真是一片"天苍苍、野茫茫，风吹草低见牛羊"的草原胜景。

木兰围场是清代皇帝举行"木兰秋狝"之所。盛夏时节，这里气候清凉，绿草如茵，游人在观光、骑马、采集鲜花、蘑菇之余，还可体验滑草的乐趣。隆冬时分，白雪皑皑，银装素裹，在林海深处，是人们滑雪的最佳去处。现在这里是风光摄影、婚纱摄影的外景集散地。盛夏时节，这里的气温总保持在15℃左右，清爽宜人。

住哪里 〉

宝龙国际饭店

🏠 桥东区东兴街 23 号（东兴街与东环路交叉口）
☎ 0313-2119999
¥ 标准间 284 元 / 晚

速 8 张家口展览馆店

🏠 小河套路 1 号
☎ 0313-8179888
¥ 标准间 127 元 / 晚

锦江之星（张家口人民公园店）

🏠 桥西区公园路 2 号
☎ 0313-5909999
¥ 标准间 169 元 / 晚

张家口世纪王朝酒店

🏠 宣化区中山大街 10 号
☎ 0313-3582222
¥ 标准间 294 元 / 晚

吃什么 〉

蔚县"八大碗"

"八大碗"包括"丝子杂烩""炒肉""酿蒸肉""虎皮丸子""浑煎鸡""块子杂烩""清蒸丸子"和"银丝肚"。前五碗属于浑汤菜，后三碗属于清汤菜。"八大碗"在当地被视为特别讲究的名肴。

柴沟堡熏肉

怀安县柴沟堡镇的特产，已有200多年的历史。包括熏猪肉（五花肉、猪头、猪排骨、下水）、熏羊肉、熏鸡肉、熏兔肉，尤其出名的是熏肠肚。柴沟堡熏肉最有名气的要数"玺字号熏肉"。

怀安豆腐皮

怀安城的豆腐皮，薄如纸张，筋似皮条，色美味香，价廉物美。

阳原圪渣饼

阳原县揣骨疃的特产。清朝咸丰年间，揣骨疃李增光出任滨州知府时，曾以圪渣饼进贡朝廷，得到慈禧太后的赞赏。此后，圪渣饼便成为清廷贵族喜食的上乘食品。

红色主题游

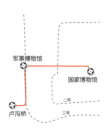

红色主题游 1

北京市内：国家博物馆—军事博物馆—卢沟桥

红色主题游 2

北京周边：北京—石家庄—西柏坡

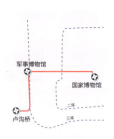

> 这是一条由北京市中心延伸到北京近郊的路线，相信一路走来，会有颇多的感慨。清晨，在国家博物馆内参浏览过我国的历史发展轨迹，之后前往军事博物馆领略我国的军事发展历程，最后去卢沟桥，在这里缅怀沉重过去的同时，也欣赏一下桥上著名的狮子。

玩几天 〉

1~2天

怎么去 〉

乘坐地铁1号线可抵达国家博物馆（天安门东站）和军事博物馆（军事博物馆站）。地铁1号线五棵松站下车，换乘624路公交，可到达卢沟桥。

玩什么 〉

国家博物馆 ❶

🏠 东城区天安门广场东侧
🕐 9: 00 -17: 30, 15: 30 停止售票, 16: 00 停止入馆, 周一闭馆

　　位于天安门广场东侧,是在原中国历史博物馆和原中国革命博物馆的基础上组建而成的。馆内藏品106万件,展厅48个,设有"古代中国""复兴之路"两个基本陈列及十余个各艺术门类的专题展览及国际交流展览。在这个世界最大的博物馆内有世界一流的硬件设施和功能设置,可以为公众提供高品位的历史和艺术类藏品的展览以及其他文化休闲服务。馆内不仅荟萃中华民族五千年的历史和文化艺术珍品,见证着中华民族百年的复兴之路,还有全方位和系列性地反映和表现世界文明成果的高品质展览。

军事博物馆 ❷

🏠 海淀区复兴路 9 号

🕐 8：30-17：00（11月至次年3月）；8：30-17：30（4月-10月）每周一闭馆

🚌 乘坐地铁 1 号线，军事博物馆站下；公交乘坐 1、21、57、65、320、337、802 路公交车到 军事博物馆站下车

☎ 010-66866244

　　军事博物馆全称中国人民革命军事博物馆，位于北京天安门西面的长安街延长线上，筹建于1959年。全馆占地面积8万多平方米，建筑面积6万多平方米，共22个陈列厅、2个陈列广场。军事博物馆是中国大型综合性军事历史博物馆，大楼顶端的圆塔，托举着中国人民解放军"八一"军徽，经周恩来总理特批500两黄金，采用鎏金工艺制成，它凌空高耸，金光闪闪。高达4.9米的铜门，是用福建前线参战部队送来的炮弹壳熔铸而成的。正门上方悬挂着毛泽东主席亲笔题写的"中国人民革命军事博物馆"金字铜底巨匾。大门两侧竖立着陆海空三军战士和男女民兵两组英姿勃勃的汉白玉石雕。军事博物馆的陈列展览分为基本陈列和临时展览。基本陈列有土地革命战争馆、抗日战争馆、全国解放战争馆、抗美援朝战争馆、古代战争馆、近代战争馆、兵器馆、礼品馆等。

卢沟桥 ❸

🏠 丰台区宛平城西
🚌 乘坐 309、329、339、458、459、624、661、662、952、978 路公交车卢沟新桥站下
🕐 旺季 7：00-19：00；淡季 8：00-17：00

　　卢沟桥始建于 1189 年，1444 年曾重修，下分 11 个涵孔，宽 7.5 米，全长 266.5 米，为北京现存最古老的石造联拱桥。桥身左右两侧石雕护栏各有望柱 140 根，柱头上共雕有卧伏的大小石狮约 500 个，神态各异，栩栩如生。桥东的碑亭内立有清乾隆题"卢沟晓月"汉白玉碑，为燕京八景之一。1937 年 7 月 7 日，"卢沟桥事变"爆发，这座石桥留下了战争的痕迹。至今，卢沟桥的望柱以及宛平城城墙上，当年日军的弹痕犹斑斑可见。目前，这里有卢沟桥、宛平城、中国人民抗日战争纪念雕塑园、中国人民抗日战争纪念馆等景点。

> 石家庄最有特色的红色旅游目的地就是西柏坡。西柏坡因其独特的贡献，彪炳于中国革命史册，竖起一座不朽的历史丰碑。

玩几天 〉

2~3 天

怎么去 〉

石家庄东临衡水，南连邢台，西界山西省，北靠保定。无论飞机、火车、汽车都很方便，交通便捷。

玩什么 〉

华北军区烈士陵园 ❶

🏠 石家庄市桥西区中山西路 250 号
🚌 乘坐旅游 5 路、1、25 路公交车，在烈士陵园（石药集团）站下车
🕐 全天

　　华北军区烈士陵园占地面积 21 万平方米，园内绿树成荫，松柏常青，安葬着大革命时期、抗日战争时期、解放战争时期及抗美援朝战争中晋察冀和华北军区牺牲的 248 名革命英烈的灵柩以及新中国成立以来 600 多位烈士的骨灰。陵园整体设计采用传统的主轴线布局。整个建筑工程由邬天柱规划设计，经著名建筑专家梁思成、张开济等同志审定后施工，是我国建园时间较早、规模较大、建筑艺术品位较高的著名烈士陵园之一。主要建筑物分布在几条轴线上，建筑物南北呼应，东西对称，布局严谨，层次分明。园内苍松翠柏伟岸挺拔，草坪花坛点缀其间，整个园区气势宏伟、庄严肃穆。园内主要烈士纪念建筑物有：革命烈士纪念碑、铭碑堂、烈士陵园建园 50 周年回顾展馆、烈士纪念馆、烈士纪念碑亭、文物厅、白求恩和印度援华医疗队纪念馆、白求恩和柯棣华陵墓、董振堂和赵博生纪念碑厅、烈士墓区和铜铸雕像群等。

西柏坡 ❷

🏠 石家庄市西柏坡纪念馆
🚌 石家庄汽车北站有去往西柏坡的长途汽车
🕐 8：00-16：30

这是河北红色旅游的重要目的地，也是著名的爱国主义教育基地。它原名"柏卜"，始建于唐代。1935年一位教书先生把"卜"改为"坡"，于是就有了西柏坡。1948年5月，毛泽东同志率领中共中央和人民解放军总部机关来到西柏坡，使这个普通的山村成为"解放全中国的最后一个农村指挥所"。

吃什么 〉

石家庄以北方饮食文化为主，也囊括各地特色美食，不但味道鲜美，而且色彩丰富、花样繁多，有很多石家庄传统菜肴都配以神话传说，让你在品味可口美味的同时，也可以了解其奇特的来历。例如形似赵州桥的"雪桥八仙"，便来自民间传说"鲁班建桥、国老柴神试桥"，此菜肴风格别致、景中有味、口味香甜。另外还有中华饭庄的招牌菜肴"小白龙过江"，就来自"魏徵梦斩泾河龙"的神话传说，菜名生动形象、口味鲜嫩。石家庄的"黄瓜宴"则是燕春饭店的厨师听到"羯人石勒建国、融汉"的历史传说，灵机一动，创制了此宴，全宴是以黄瓜为主料，再配以其他辅料而制作的八冷十二热的"黄瓜宴"，共二十道菜肴，构思巧妙、色彩丰富、味道独特。

另外，经过多道工艺制作的石家庄回民扒鸡也是全国有名的，它味美香醇、肉易脱骨、便于携带，其中尤以"马家鸡铺"的扒鸡最为著名。

外形像毛发倒竖狮子的金毛狮子鱼、进奉宫廷的贡品——藁城宫面等都是人们喜爱的美味佳肴。

住哪里 〉

驿家365连锁酒店（石家庄西大街店）

🏠 石家庄市长安区西大街56号
☎ 0311-86210365
¥ 标准间189元/晚

石家庄家佳短租移动公寓

🏠 石家庄市中华北大街与新凯路交会处天翔园411室
☎ 0311-86275100
¥ 标准间90～110元/晚

休闲自驾游

P82-P85

曩底下
西

妙峰山

北京

休闲自驾游 1

北京周边：北京—妙峰山—曩底下村

P86-P89

凤凰岭

大觉寺

北京

休闲自驾游 2

北京周边：北京—大觉寺—凤凰岭

P90-P94

河北

北京

河北

秦皇岛

天津

渤海湾

黄海

休闲自驾游 3

休闲海滨观鸟之旅：北京—秦皇岛

御生堂中医药博物馆

中卫御苑福膳

北五环

北四环

北三环

北二环

御膳饭庄

天坛

P95-P98

休闲自驾游 4

中医养生文化之旅：御生堂中医药博物馆—中卫御苑福膳—天坛—御膳饭庄

> 一年四季，总有喜欢周边自驾的人来走这条路线。春寻百花，夏日避暑，秋赏红叶，冬日踏雪。除此之外，爨底下村更是不分季节，以古朴之气，吸引着众多游人。

玩几天 〉

2~3天

怎么去 〉

京西六环上 G109 可直达妙峰山景区。从妙峰山出来，沿着 G109 往西行，可直达爨底下村。

玩什么 〉

妙峰山 ❶

🏠 门头沟区妙峰山镇涧沟村北
🚌 929路妙峰山旅游专线车在地铁苹果园站西，早8：30发车
☎ 010-61882936
❗ 景区海拔1 000米以上，注意防寒

　　景区以"古刹、奇松、怪石"而闻名。妙峰山属太行山脉，火成岩结构，主峰海拔1291米。妙峰山有日出、晚霞、雾凇、山市等时令景观，有被誉为"华北一绝"的千亩玫瑰园和华北地区规模最大的传统庙会，是北京周边最具文化底蕴的风景名胜区之一。妙峰山传统庙会始于明朝，距今已有400余年的历史。妙峰山各类奇花异卉四季常开，山桃花、野丁香、野茉莉、杜鹃花、麦秆菊、玫瑰花、梨花此开彼落，形成了"四面有山皆如画，一年无日不看花"的特有景致。

　　妙峰山界内古寺、名胜众多，著名的有辽代皇家名刹栖隐寺、大云寺、宛平八景之一的"灵岩探胜"滴水岩。

爨底下 ❷

🏠 门头沟区斋堂镇
❗ 游客切记要自己买门票，不要让别人代买，以免上当受骗。请随身携带相关证件

　　距京城90公里的爨底下村，建于明永乐年间，距今已有500多年历史，是保存较为完好的古民居建筑群。村落坐北朝南，依山而建，以龙头山为中轴，呈扇形结构延展，布局严谨，错落有序，形如元宝。独具特色的山地四合院小巧别致、自由灵活，是我国北方不可多得的古村文化经典。爨底下旅游资源丰富，翠谷清泉，古道神潭，为古村增加了自然的灵气。爨底下四季都是美丽的，春季感受古宅春韵，夏季尽享怡人清凉，秋季喜看红叶映古宅，冬季瑞雪迎新春，还可以在爨底下农家过大年。如今，爨底下已成为著名的影视拍摄基地和写生基地。

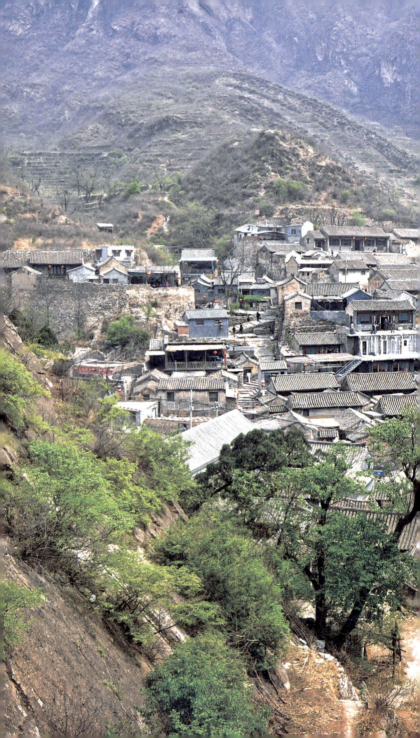

休闲自驾游 2 北京周边：北京—大觉寺—凤凰岭

> 春秋两季的周末，很多人都喜欢走这条路线。春季，大觉寺内兰花飘香，凤凰山上桃花含笑；而到了金秋时节，大觉寺内的千年银杏披上金装，与旁边的苍松翠柏相映成趣。此时，凤凰山色彩斑斓，红色的枫叶、黄色的银杏、绿色的树木，美不胜收。

玩几天 〉

2~3 天

怎么去 〉

沿 G6 京藏高速行驶，走西六环驶入海淀区翠湖路，经聂各庄路抵达凤凰岭自然风景区。

玩什么 〉

大觉寺 ❶

🏠 海淀区北安河许各庄村大觉寺路 12 号

　　大觉寺是位于北京西郊阳台山（瞭台山）南麓的一座千年古刹，又称大觉禅寺。始建于辽代，称清水院。金代时大觉寺为金章宗西山八大水院之一，后改名灵泉寺，明代重建后改名为大觉寺。古树、玉兰、清泉是大觉寺的特色。大觉寺内有古树 160 株，包括千年的银杏、百年的玉兰、古娑罗树、松柏等，此外，还有大量被列入保护范围的古树。大觉寺凭借玉兰花与法源寺（丁香花）、崇效寺（牡丹花）一起被称为北京三大花卉寺庙。每年 4 月，大觉寺都会举办玉兰文化节，除可观赏的玉兰花外，还举办一些展览和文化活动。

鹫峰国家森林公园 ❷

🏠 海淀区北安河乡北安河村西
☎ 010-62455821
🕐 夏季 6:00-18:00；冬季 6:30-17:30

坐落于海淀区小西山风景区，距颐和园18公里，是北京林业大学的试验林场。鹫峰历史悠久，曾是辽代屯兵的72营之一。这里古迹众多，有建于辽代的鹫峰山庄，建于明代的秀峰寺，建于咸丰九年（1859年）的响塘以及建于20世纪30年代我国自行建造的第一座地震台。鹫峰，得名于山顶的两座山峰，远观仿佛是一只振翅欲飞的鹫鸟，昂首张望，岿然屹立，故称鹫峰。鹫峰以它古朴、蜿蜒曲折通达鹫峰山顶的盘山古道、雄奇秀丽的景色和丰富的植物资源闻名于京城，是小西山风景区最佳的登高观景场所。鹫峰山上松海茫茫，森林覆盖率达86%，是绿色植物的天然储藏地，一年四季的风景都很优美。鹫峰—阳台山—萝卜地是京城众多户外爱好者徒步穿越的一条著名线路。

凤凰岭自然风景区 ❸

🏠 海淀区凤凰岭路 19 号
🕐 7：00-17：00

位于海淀区西北部西山农场境内，总面积 15.33 平方公里。景区内人文景观丰富，佛、道、儒等宗教文化以及古老的东方养生文化的遗址、遗迹众多，与自然景观相得益彰，共同构成区内南、北、中三线 40 余处景点。南线景区以宗教、考古、寻幽探险、野游猎奇为主。北线景区景点密集，山与水结合完美，以"古、奇、怪、幽"取胜。中线景区以佛道合一的京西名刹"龙泉寺"为起点，沿山而行，可观古代养生修炼场。凤凰岭层峦叠翠，奇花异草遍及山野，其良好的生态环境、上风上水的地理优势，使之有"京城绿肺"之称。风景区享有"京西小黄山"美誉，奇山、怪石、林海、神泉为其奇妙的天然景观。风景区三季有花，四季有景，是春游踏青、夏令避暑、秋季采摘、冬观雪景的胜地。"远郊的景，近郊的路，北京的自然氧气库！"这是对凤凰岭自然风景区最好的总结。

> 我国有1000多种鸟，秦皇岛就有400多种，每年从世界各地来此的观鸟爱好者很多，另外北戴河也是夏季避暑胜地。

玩几天 〉

2~3天

怎么去 〉

驾车从北京沿G1途径京哈高速和京沈高速可抵达约300公里处的秦皇岛。

玩什么 〉

山海关 ❶

🏠 秦皇岛市区东部 15 公里处
🚌 搭乘 25 路公交车，在山海关站下车
🕐 8：30-17：00

　　山海关号称"天下第一关"。这里是明长城东起的第一座城楼要塞。明朝洪武十四年（公元 1381 年），中山王徐达奉命修永平、界岭等关，在此创建山海关，因其北倚燕山，南连渤海，故得名山海关。游览山海关主要是参观东门镇远楼，也就是"天下第一关"。这座城门高约 13 米，分为上下两层，造型美观大方，雄壮威严，登上城楼，一边是碧波荡漾的大海，一边是蜿蜒连绵的万里长城，令人豪气顿生。楼西面上层檐下，悬有"天下第一关"匾额，是明代书法家肖显所书，笔画道劲雄厚，与城楼规制浑然一体。在山海关城楼附近，还建有长城博物馆，陈列与山海关长城有关的人文历史、军事活动展品。

　　山海关是一座具有悠久历史的文化古城，在这里游客不仅可以领略山海关大气磅礴的雄伟风貌，还可以尽情地品尝地道的风味小吃，感受这里的风土人情。

北戴河 ❷

🏠 坐落于渤海湾北岸中部
🚌 从秦皇岛市区到北戴河可乘 34 路公交
　　车前往
🕐 全天开放

　　相对南戴河来说，北戴河旅游成本会更低一些，尤其在住宿方面能够更低廉。北戴河的沙滩相对比较粗糙。这里最大的问题就是旅游季节的时候游人会非常多，较为拥挤。建议来此旅游，尽量避开周末或者其他假期。北戴河的风景非常优美，在海边漫步也不错。

鸽子窝公园 ❸

🏠 秦皇岛市北戴河东山鸽赤路
🚌 公交车 34、37、601 路可达

　　鸽子窝公园位于北戴河海滨东北角。在那因地层断裂所形成的20余米的临海悬崖上，有一块嶙峋巨石，恰似雄鹰屹立在海边，这里也曾是野鸽的栖息地，所以有了鸽子窝这个名字。鸽子窝一带有礁石、湿地，树木丛生，百草丰茂，是鸟类理想的栖息地，也是著名的世界级观鸟胜地。一年之中，能见到400多种鸟，占我国可见鸟类的40%。每年春秋季节，国内外的鸟类专家和爱好者齐聚在鸽子窝一带观鸟。

南戴河国际娱乐中心 ❹

🏠 秦皇岛市抚宁县

南戴河开发的程度比北戴河略高，在这里你能看到海边林立的度假酒店，海滨游乐设施也更为发达。如果说去北戴河是旅游，那么来南戴河更像是度假。南戴河有沙质细软的黄金海岸，也有跨海的缆车。这里的旅游配套设施也比较完善，各种档次的宾馆餐厅一应俱全。但这里最大的问题就是交通比较不方便，公交线路非常少，如果不是自驾，有些景点需要打车前往。如果选择住自助式旅店的话，可以自己在家烹饪海鲜，坐22路公交车可达海鲜市场。不过自行到海鲜市场购买海鲜要多加注意，以防分量不足。南戴河还有一处"中华荷园"，拥有200多个品种的荷花，其布局恢宏，是环渤海规模最大、品种最丰富的荷花生态园，也是我国北方最大的荷花观赏基地。

昌黎黄金海岸 ❺

🏠 秦皇岛市昌黎县东南面

昌黎黄金海岸海岸线全长52.1公里，因其沙质松软，色黄如金，故有"黄金海岸"之称。黄金海岸总面积376万平方米，由于沙细、滩缓、水清、潮平，是难得的天然浴场。

御生堂中医药博物馆

中卫御苑福膳

北五环

北四环

北三环

北二环

御膳饭庄

天坛

> 养生在旅游中也逐渐成为越来越受到游客青睐的重要内容，线路中的景点不仅可以了解到中医药文化知识，还能品尝到美味的药膳。

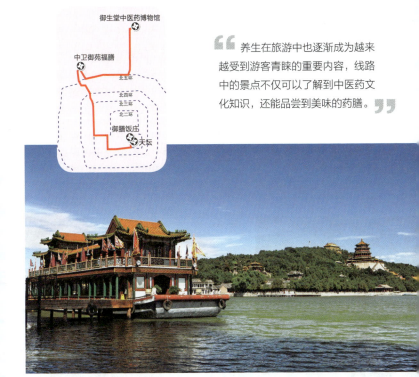

玩几天 〉

2~3 天

怎么去 〉

驾车沿 213 省道行驶进入北五环开往圆明园方向，后沿马连洼北路抵达中卫御苑福膳，经黑山扈路驶入青龙桥方向，抵达颐和园，出来后驶入北四环西路，经西四环北路驶入南二环到天坛东路，即可抵达天坛公园，御膳饭庄在天坛公园内。

玩什么 〉

御生堂中医药博物馆 ❶

🏠 北京市昌平区北七家镇王府路 1 号王府公寓 2-35
☎ 010-81788271

百年老字号"御生堂"始创于明朝万历三十六年，其白氏后人秉承"御为普济，生乃永盛"的祖训，历尽辛苦于 1999 年创立了"北京御生堂中医药博物馆"，将经营数百年所使用及收藏的数以万计的珍贵中医药文物展示给世人。

博物馆包含清代御生堂老药铺、历代药王医圣造像、历代中医中药用具、古代中草药标本、古代中草药包装、历代中医药书籍报刊、近代医方医案资料等文物陈列，藏品丰富。在游览的同时，还可以亲身感受针灸、按摩等中医养生方法的神奇之处。

中卫御苑福膳 ❷

🏠 海淀区马连洼北路 151 号药用植物研究所院内
☎ 010-62829863

中卫御苑福膳位于药用植物园内，风景优美，四周是无数的药用植物园林景观，走入其中便被一种独特的中医药文化氛围所包围。在中卫御苑福膳用餐是一种很独特的体验，在其中不仅能吃到天然药膳的美食，还能体会我国中医药文化的博大精深。中卫御苑福膳秉承药为菜用、菜为药辅的原则，设计出了十数个系统的药膳菜品，创造出了独特的药膳文化。

中卫御苑福膳还推出了一种新的经营方式：接待病后康复者在其中修养。用药用植物园内的美景与每日的药膳调理以保证康复者尽快恢复健康。

天坛 ❸

🏠 东城区天坛路甲 1 号
🚇 地铁 5 号线天坛东门站下车
🕐 6：00-22：00

天坛始建于明永乐 18 年，清乾隆、光绪时曾重修改建，为明、清两代帝王祭祀皇天、祈五谷丰登的场所。

天坛公园现有面积为 205 万平方米，分为内、外两坛。内坛由圜丘、祈谷坛两部分组成，南部是圜丘坛，北部是祈谷坛，一条 360 米长的丹陛桥连缀两坛。外坛为林区，西南部有明清时期演习祭祀礼乐及培训祭祀乐舞生的神乐署。天坛还有九龙柏、望灯、七星石、甘泉井、燔柴炉、飞瘁坎等古迹。天坛公园有各种树木 6 万多株，更有 3 500 多株古松柏、古槐，绿地面积达 163 万平方米，环境森然静谧，气氛肃穆庄严。

御膳饭庄 ❹

🏠 东城区天坛路 87 号
☎ 010-67014281

逛完天坛，可以品尝正宗的宫廷御膳。清朝末代皇帝爱新觉罗·溥仪的弟弟爱新觉罗·溥杰先生在饭庄用膳后，提笔写下"正宗御膳"的墨迹。今年御膳饭庄开发了"天坛斋宫御膳宴"，可同时接待 400 人就餐。

Part 2 天津篇

都市博览游

P102-P107

都市
博览游 **1**

异国风情线路： 五大道风情区—利顺德大饭店—五大院—解放北路金融街—津湾广场—海河意式风情区

P108-P114

都市
博览游 **2**

民俗文化线路： 天妃宫遗址博物馆—荐福观音寺—大悲禅院—古文化街（天后宫）—文庙—广东会馆—鼓楼步行街

P115-P119

都市
博览游 **3**

名馆博览路线： 科技馆—天津博物馆—自然博物馆—周恩来邓颖超纪念馆—平津战役纪念馆

P120-P123

都市
博览游 **4**

主题博物馆线路： 邮政博物馆—金融博物馆—瓷房子—鞋博物馆—老城博物馆

P124-P127

都市
博览游 **5**

休闲购物线路： 文化中心—滨江道—和平路金街—佛罗伦萨小镇—凯旋王国乐园

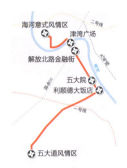

> 这是一条很有天津特色的路线，在这条路线上浓缩了天津历史上的著名建筑，如有'万国建筑博览馆'美称的第五大道、被称为'外交酒店'的利顺德大饭店、有'东方华尔街'美称的解放北路，以及天津的新坐标——津湾广场。可以说这条路线是了解天津最好的开始！

怎么去 》

五大道风情区距离利顺德大饭店很近，可以步行，也可以坐车，乘坐871路公交车只需2站。利顺德大饭店紧邻解放北路金融街、五大院，走过去即可。五大院距离津湾广场约1公里，步行即可。在津湾广场步行过解放桥，至民族路即可到达意式风情区。

玩几天 》

1~3天

玩什么 〉

五大道风情区 ❶

🏠 和平区重庆道 70 号
☎ 022-23142954

五大道风情区是指成都道以南，马场道以北，西康路以东，马场道与南京路交口以西的一片长方形区域。拥有 20 世纪二三十年代建成的欧式、日式等不同建筑风格的花园式房屋 2 000 多栋，占地面积 60 万平方米，被誉为独具特色的"万国建筑博览馆"。

民园广场位于五大道的中心区域，曾是远东地区首屈一指的综合性体育场，也是中国第一个灯光足球场，民园体育场经过多次改建和重建后，其体育竞技的基本功能已逐渐消失。2012 年，民园体育场经历 18 个月的提升改造，以英式古典风格的地标建筑呈现在世人面前。

民园西里位于五大道常德道 29-39 号，始建于 1939 年，由近代著名建筑设计师沈理源设计。2009 年，经过精心整修的民园西里文化创意街区向公众正式开放。街区定期举办的"赶巷子"创意市集汇集了京津两地的创意达人和手作爱好者，独有的巷子文化让民园西里成为五大道上新的文艺生活聚集地。

先农大院坐落在五大道河北路与洛阳道交口，规划建筑面积 2.54 万平方米，是五大道建成最早的建筑群之一。作为五大道之上的公共艺术广场，先农大院架起了艺术家与观众的桥梁。

利顺德大饭店 ❷

🏠 天津市和平区台儿庄路 33 号
☎ 022-23311688

该酒店是 1863 年由英国卫理公会传教士约翰·殷森德（John Innocent）主张修建的。1860 年《北京协约》签署以后，天津作为商业开放港口，被分成 9 个租界。在 19 世纪的早期，利顺德大饭店是城中政治和社交聚会的标志性场所。酒店经过多次扩建，并且采用了不同的建筑风格，其中包括经典的维多利亚式、印度式和 19 世纪 20 年代的现代主义风格。

该酒店因其引以为傲的历史被称为"外交酒店"。这里曾经接待过世界各国众多领导人，见证过许多标志性的活动。国父孙中山先生曾在此下榻，末代皇帝爱新觉罗·溥仪和皇后婉容也曾在酒店中翩翩起舞。1957 年，周恩来总理到访酒店，并且在此接见了时任波兰首相。

五大院 ❸

🏠 天津市和平区台儿庄路与保定桥路交汇处
🚌 公交 13、953 路在泰安道站下车

泰安道五大院整体体现了英伦建筑风格，至今还拥有居住功能。一号院为商业用途及公寓，二号院为总部办公场所及商业用途，三号院为商业用途及公寓，四号院为丽思卡尔顿酒店及酒店式公寓，五号院为友谊精品广场及甲级写字楼。

解放北路金融街 ❹

🏠 天津市和平区解放北路
🚌 地铁 1 号线小白楼站下车

有"东方华尔街"之称的天津解放北路金融街，与津湾广场毗邻，北起解放桥，南至解放南路，是天津金融机构的荟萃地之一。由于历史原因，这里的各国建筑聚集，现存有数十幢拥有百年历史的风貌建筑。在经历了百年的风雨之后，金融街上的大多数建筑仍保留了原有风貌。游人在此可以感受到近现代历史上天津乃至中国的金融业发展历程。

津湾广场 ❺

🏠 解放北路 48 号（滨江道口）
☎ 022-27125907

　　津湾广场位于和平区，东侧和北侧有海河环绕，西临历史底蕴浓厚的解放北路金融街，建于 2008 年，是一座融合现代风格与欧式风貌、汇集了剧场影院、高端餐饮、娱乐休闲、时尚购物等业态的高端商务商业聚集区。

海河意式风情区 ❻

🏠 河北区光复道 39 号
☎ 022-24466555

　　意大利风情区坐落在天津的海河河畔，现在是天津海河风景区的重要景点和游览休闲区。风情区内历经百余年的建筑大多保存完整，意式建筑风格典雅，角亭高低错落，还有广场、花园点缀其间，别有一番情趣。

住哪里 〉

天津丽思卡尔顿大酒店

🏠 南环路汇丰广场 5-503，5-504
☎ 022-60129999

天津戈萨国际青年旅舍

🏠 重庆道 141 号
☎ 022-27239777

吃什么 〉

狗不理大酒店

　　这是一家装修十分气派的酒店，店内的招牌狗不理包子品种多样，可令食客们大饱口福。

🏠 和平区和平路 322 号
☎ 022-23031115

怎么去 〉

　　天妃宫遗址博物馆与荐福观音寺同在一条路上，步行即可。从荐福观音寺乘坐856路公交车，可到达大悲禅院。大悲禅院乘坐878路公交车直达古文化街（天后宫），此后的四个景点相距不远，步行即可游览。

玩几天 〉

1~3 天

❝　　在天津除了可以游览充满欧陆风情的小洋楼之外，还可以去充满民俗文化的寺庙、博物馆、会馆等古建筑看看，在这些地方更能体会到天津这座城市特有的文化。 ❞

玩什么 〉

天妃宫遗址博物馆 ❶

🏠 河东区大直沽中路 51 号
☎ 022-24313196
🕐 9：00-11：30；13：30-16：30（周一闭馆）

　　该博物馆占地面积 5 800 平方米，建筑面积 3 000 平方米，其主体建筑中央大厅为元明清大殿基址，内部有考古发掘出土的元代建筑基址和明、清时期天妃宫大殿基址。在其周围有两层展厅，展览的主题为"海洋的旋律"，展品有 200 余件出土文物及与海洋文化、妈祖文化有关的船舶、建筑等复原模型，是了解古代人类从事海洋文化实践活动、天津城市的起源、妈祖文化的好地方。

荐福观音寺 ❷

🏠 河东区大直沽中路 27 号
☎ 022-24160708

　　荐福观音寺位于津塘公路与大直沽中路交口处，占地面积 8 400 平方米。在其中轴线上有宋代牌楼、山门殿、天冠弥勒殿、圆通宝殿等建筑，两侧有东方三圣殿、西方三圣殿、护法殿、地藏殿、药王殿、树王菩萨殿、藏经阁、五观堂、念佛堂、讲经堂等。在荐福观音寺内有"三宝"，分别是寺院钟楼、鼓楼内的 5 吨铜钟，圆通宝殿前有一株六百余年的古槐树，圆通宝殿供奉四面千手观世音菩萨。

大悲禅院 ❸

🏠 天津市河北区天纬路 40 号
🚌 乘坐 632 路公交车在京津桥（大悲禅院）站下车
☎ 022-26273910
🕐 9：00-11：20；14：00-16：30（周一休息）

　　古刹大悲禅院因供奉大慈大悲观世音菩萨而得名，是天津现存规模最大、历史最为悠久的佛门十方丛林寺院。寺始建于明末清初，又兴于康熙八年，盛时占地五十六亩。公元 1982 年列为市级文物保护单位，公元 1983 年经国务院批准为汉族地区全国重点寺院。寺院又因在公元 1945 年至 1956 年间供奉过唐代高僧玄奘法师顶骨而盛名至今。

古文化街（天后宫）④

🏠 天津市南开区古文化街
🚌 乘坐37、628、837、840、849路公交车，在新安购物广场站下车后步行到古文化街（天后宫就在古文化街内）
☎ 022-27359628
🕘 9：00-17：00

古文化街是"津门十景"之一，景名"故里寻踪"。南北街口各有一座牌坊，上书"津门故里""沽上艺苑"。整个古文化街为长687米、宽5米的步行商业街，里面有卖杨柳青年画、泥人张泥人、剪纸窗花等工艺品的店铺。文化街里的天后宫，值得一看。这里还有几间茶楼，里面不时传来优美的京剧唱腔，非常有韵味，如果有时间不妨去楼上品壶茶，听听戏。

天后宫，俗称"娘娘宫"，建于元泰定三年（1326年），建筑面积2 500平方米，是天津市区现存最古老的庙宇，也是世界三大妈祖庙之一，现为天津民俗博物馆所在地。每年农历三月二十三（天后娘娘诞辰）这里都会举行盛大的庙会活动。这里供奉着妈祖娘娘、财神爷等，还有天津的民间神仙，如王三奶奶、挑水哥哥……其中，元辰殿里供奉着北斗老姆及六十甲子元辰本命神，后者是按天支地干顺序排列的。

文庙 ❺

🏠 天津市南开区东马路东门里大街1号
　　（天津旧城东门里）
🚌 搭乘4、24、624、633、681、685、
　　824、878路公交车可到达
🕐 9:00-16:30

　　天津文庙建于1436年，其主要建筑有过街牌坊、万仞宫墙、泮池、棂星门、大成门、大成殿和崇圣祠，并举办有"大成殿复原陈列""祭孔礼器乐器展"两大展览。来文庙，一定要看看它照壁东西两侧造型精美的二道过街牌楼，这在中国现存的牌楼中可称为一奇，此牌楼为二柱三楼式，木结构，上有华世奎书写的"德配天地""道冠古今"。

广东会馆 ❻

🏠 天津市南开区鼓楼东街
🚌 搭乘15、25、37路公交车，在鼓楼站下车
📞 022-27273443
🕐 9:00-11:20；14:00-16:30

　　广东会馆是天津市保存最完整、规模最大的清代会馆建筑。它由门厅、正房、配房、戏楼和跨院、套房组成，占地面积约1.5万平方米。戏楼是会馆的主要建筑，楼前悬挂着"岭渤凝和"的巨幅匾额，楼上观众席是包厢式，楼下则是散座。戏楼舞台深10米、宽11米，舞台正面镶嵌着"天官赐福"的木雕。著名表演艺术家梅兰芳、杨小楼等人都曾在这座戏楼上演出。

鼓楼步行街 ⑦

🏠 天津市南开区城厢东路与南城街交口
🚇 地铁 2 号线鼓楼站下车

　　鼓楼步行街位于天津老城中心，以清朝建筑风格为主，在传统十字街旧城商业中心的基础上，以鼓楼为中心，向东西、南北方向延伸。鼓楼北街以经营珠宝、古玩、陶瓷、图书音像等为主；鼓楼南街以津门老字号民俗特色商品、餐饮、娱乐为主，因这条街上拥有如老美华、盛锡福等老店，因此，南街又称为"唐人街"；鼓楼东街以经营服装、眼镜、快餐等为主。

住哪里 〉

天津藏香青年旅舍

🏠 天津市南开区王顶堤苑中路与园荫道交口华巨公寓 2 号楼 1202
☎ 022-23687073

如家天津鼓楼西马路店

🏠 天津市南开区西马路西南角九天庙胡同与西关街交口
☎ 022-23008866

吃什么 〉

红旗饭庄

　　想吃正宗地道的天津菜，就去"红旗饭庄"。这是一家著名的天津风味餐馆，前身是"同聚楼"，已有 70 余年的历史。正宗天津菜偏咸甜口，辣菜比较少。推荐红旗饭庄传统的清炒虾仁，清淡爽口，易于消化。需要注意的是大部分天津餐馆下午闭餐，而且关门也早。

🏠 天津市南开区密云路与黄河道交口
☎ 022-27536566

> 在天津有很多文化科普场所，这些场馆是一座城市精神文明建设的标志，更是周末、寒暑假小朋友们最热衷的地方。在这里，不仅能感受到天津的过去，更能看到天津的未来！

玩几天 〉

1~2 天

怎么去 〉

　　天津自然博物馆、科技馆之间相距不远，步行即可。从科技馆乘坐857路公交车，可直达周邓纪念馆。周邓纪念馆乘坐48路公交车可直达平津战役纪念馆。

玩什么 〉

科技馆 ❶

🏠 天津市河西区隆昌路 94 号
🚌 632、655、846、859 路公交车可达
☎ 022-2830610
🕐 9：00-16：30（周一、周二闭馆）

　　天津科学技术馆是一座现代化的综合展馆，该馆的展品集科学性、知识性、趣味性、参与性、艺术性于一体。其占地面积 2 万平方米，建筑面积 1.8 万平方米，馆内由展示厅、多功能天象厅、报告厅、培训教室等组成。

天津博物馆 ❷

🏠 天津市河西区平江道 62 号
🚌 公交 662 路、668 路、686 路、868 路、912 路、835 路、641 路、675 路、826 路、906 路、675 路、912 路、机场专线 5 路、4 路
☎ 022-83883000
🕐 周二至周日上午 9：00 开馆，下午16：00 停止发票，16：00 闭馆；周一闭馆（节假日不闭馆）
🖥 www.tjbwg.com

　　天津博物馆是在原天津市历史博物馆和天津市艺术博物馆的基础上组建的一座大型的历史艺术类综合性博物馆。该馆占地面积约 3 万平方米，共分为三层，其建筑外观主体部分非常漂亮，金属质感的弧形

自然博物馆 ❸

🏠 友谊路 31 号，银河广场（近平江道）
🚌 乘 662、668、686、835、868、912、529、641、675、800、826、838、906、655 路公交车至宾馆南道站或天津博物馆站下车即到
☎ 022-23347988
🕐 9:00-16:30（16:00 停止发票）；周一闭馆（国家法定节假日除外）

　　天津自然博物馆于 1914 年由法国传教士桑志华创办，占地 2 万平方米，建筑面积 1.2 万平方米。馆藏动、植物标本及古生物、古人类化石约 38 万件，其中有 200 件模式标本被列为国家一级标本保存。馆内分为动物生态厅、世界昆虫厅、海洋贝类厅、热带雨林观赏区、海洋生物区和触摸池等，是游客们访古探源、亲近自然的好去处。

　　框架结构呈现出一只优雅展翅的天鹅的姿态。整个建筑基本上是弧线结构，优雅华丽，金属材质也让整座博物馆充满了现代气息。博物馆内收藏着各类文物近 20 万件，包括青铜器、陶瓷器、书法、绘画、玉器、玺印、砚台、甲骨、钱币、历史文献、地方民间工艺等多个门类，其中有许多出土的珍品以及非常精湛的艺术品、手工艺品都在这里展出，非常值得一看。游览天津博物馆最好的方式，就是登上天塔，从塔楼内俯瞰整个博物馆的结构，领略它独特的风采。

周恩来邓颖超纪念馆❹

🏠 天津市南开区水上公园北路 1 号
🚌 乘坐观光 2 路、94、904、643、871、872 路等公交车均可到达
☎ 022-23529240
🕐 9：00-16：30（周一闭馆）

　　周恩来和邓颖超是我们十分敬仰爱戴的人物，而这个纪念馆的确是来天津旅游不可错过的地方。纪念馆门外立有两人的雕像，给人亲切安详的感觉。走进纪念馆，分别有瞻仰厅、生平厅、情怀厅、竹刻楹联厅和书画艺术厅。参观整个展厅，我们不仅能够了解到这两位伟人为新中国的成立与建设所投入的热忱以及他们的伟大功绩，更可以感受到这一对伟大的革命情侣在他们的人生道路上，相互扶持、相濡以沫的深邃情怀。

平津战役纪念馆 ⑤

🏠 天津市红桥区平津道 8 号
🚌 搭乘观光 1 路、校线 7 路、37、47、48、628、657 路公交车均可到达
☎ 022-26535413
🕐 8：00-18：00（周一闭馆）

　　平津战役（解放战争时期，1948年 11 月 29 日至 1949 年 1 月 31 日）是中国人民解放军东北野战军和华北野战军主力在北平、天津、张家口地区，与国民党军队进行的战略性决战，是中国人民解放战争中具有决定意义的三大战役之一。

　　纪念馆由多维演示馆、纪念广场、胜利花园、序厅、战役决策厅、战役实施厅、人民支前厅、伟大胜利厅、英烈业绩厅等组成，并由聂荣臻元帅为纪念馆题名。纪念广场中央竖立着高 60 多米的胜利纪念碑；胜利门两侧的浮雕，反映了军民欢庆战争胜利的场景；广场东西两侧陈列有火炮、坦克、装甲车等重型兵器。其中，馆内的多维演示馆使用全景式超大屏幕环球电影来表现那场惊心动魄的英雄战役，视听效果非常震撼。

住哪里 》

星程天津罗马商务酒店
🏠 天津市河西区永安道 221 号
☎ 022-28222822

天津海河英迪格酒店
🏠 天津市河西区解放南路 314 号
☎ 022-88328888

万丽天津宾馆
🏠 河西区宾水道 16 号
☎ 022-58223388

天津香江假日酒店
🏠 桂林路 16 号
☎ 022-23393888

> 天津是我国著名的历史文化名城，在这座拥有六百余年建城史的城市内，有着各种各样、形形色色的博物馆。随便走进一座博物馆，都会找到一个新视角，发现这座城的美！

玩几天 〉

1~3 天

怎么去 〉

　　邮政博物馆与金融博物馆相距不远，步行即可到达。从金融博物馆去瓷房子只需乘坐一站地铁，很方便。瓷房子乘坐 605 路公交车，可直达鞋博物馆。老城博物馆距离鞋博物馆约 900 米，步行即可。

玩什么 〉

邮政博物馆 ❶

🏠 和平区解放北路 109 号
☎ 022-23310386

　　天津邮政博物馆是在大清邮政津局旧址上建成的，其展览面积约为 1 500 平方米，共有四个展厅，分别为序厅、邮驿与其他通信组织厅、邮政厅和集邮厅，展示内容从时间跨度上分为 5 个阶段，即"古邮驿时期、近代邮政创办时期、大清邮政时期、中华邮政时期、人民邮政时期"。馆内真贵的展品有费拉尔手稿、红印花小字当壹圆、古代"车辙石"等。

金融博物馆 ❷

🏠 和平区解放北路 29 号
☎ 022-23399650
🕐 10: 00-17: 30

　　中国金融博物馆位于 1932 年建成的原"法国俱乐部"旧址处，展馆面积约为 2 400 平方米，陈列内容分为五个部分，分别为金融历史和现状、金融与我们、中国货币历史、金融危机与金融海啸特展、专题展览。

瓷房子 ③

🏠 天津市和平区赤峰道 72 号
🚌 乘坐 1、609、610、619、632、633、641、646 路等公交车到百货大楼站下车即可
☎ 022-27123366
🕐 9：00-18：00

　　这是天津旅游最热门的景点。每一个来这里的游客，无不叹为观止。"瓷房子"是天津粤唯鲜集团董事长张连志先生在一座年久失修、闲置十余年的法式建筑基础上，历经六年精心打造的"中国古瓷博物馆"。整座洋楼通体镶嵌有 7 亿多片古瓷片、1.3 万多个古瓷盘和古瓷碗、300 多个瓷猫枕、300 多个汉白玉唐宋石狮子、300 多尊北魏北齐和大唐等朝代的石雕造像和 20 多吨水晶石与玛瑙。"瓷房子"无论从哪个角度看，它都是一件工艺品，而它的建筑过程也是一次行为艺术的大胆尝试。

鞋博物馆 ❹

🏠 天津市南开区古文化街海河楼 166 号
☎ 022-27221209

该博物馆由天津市百年老字号老美华投资兴建，是全国首家鞋文化专题博物馆，馆内展示内容分为鞋发展史、鞋履民俗、民间鞋品、三寸金莲、精品特展、制鞋技艺、场景复原等七个部分，包括 60 多个有关鞋的专题以及上千件与鞋有关的展品。

老城博物馆 ❺

🏠 天津市鼓楼东街 202 号
☎ 022-27283899

天津老城博物馆位于传统民居徐家大院内，这座院子始建于清末民初，原为英商天津麦加利洋行买办徐朴庵家宅，现如今是天津市区唯一保存完好的典型传统民居三进四合套院落。馆内现存的 3600 余件文物，展现了天津 600 年的城市发展历程。

住哪里 〉

天津海河假日酒店

🏠 天津市河北区海河东路凤凰商贸广场 A 座
☎ 022-26278888

吃什么 〉

起士林大饭店

起士林是天津最早的西餐馆，这里有非常正宗的西餐，就餐环境一流，价格也可以接受。特别推荐这里的扎啤，麦香味道让人迷醉（20元 / 扎）。餐厅二楼为自助餐厅，三、四楼可以点餐。

🏠 和平区浙江路 33 号（音乐厅对面）
☎ 022-23319188

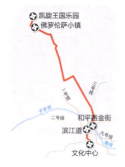

> 天津自古因漕运而兴起，由此便与经济结下了不解之缘。时至今日，来到这座沿海城市，依旧能找到很多休闲购物的地方，让人乘兴而来，满载而归。

玩几天 〉

1~2天

怎么去 〉

文化中心去滨江道乘坐800路公交车即可，滨江道距离和平路金街很近，步行即可。在和平路金街附近乘坐611路公交车，到友谊商厦站下车，换乘武清12路可到佛罗伦萨小镇。在佛罗伦萨小镇乘坐611路小圈可到凯旋王国乐园。

玩什么 〉

文化中心 ❶

🏠 天津市友谊路以东、隆昌路以西、乐园道以南、平江道以北

🚌 公交 511、529、619、641、682 路等可达

　　天津文化中心，建成后将包括天津美术馆、新天津图书馆、新天津大剧院、新天津博物馆、新天津自然博物馆和青少年活动中心等大型文化场馆，是感受天津文化氛围的好去处。

滨江道 ❷

🏠 天津市和平区

🚌 公交 3、45、50、503、606、631 路等可达

　　滨江道商业街历史悠久，全长 2 094 米，是天津市最繁华的商业街之一。它分两段，一段是建于 1886 年的张自忠路至大沽路段；一段是建于 1900 年的大沽路至南京路段。道路两边商铺云集，首饰店、服装店、饭店、剧场、电影院等种类繁多。

和平路金街 ❸

🏠 天津市和平区
🚌 地铁 3 号线在和平路站下车

　　和平路商业街始建于 1905 年，当时以锦州道为界，以北属日租界，以南属法租界。1946 年，这里名为"罗斯福路"，1953 年更名"和平路"。

　　这条街曾是天津最有名的一条商业步行街，是天津繁荣的象征，20 世纪 20 年代，劝业场、天祥、泰康三大商场聚集于此，除此之外，著名的国民、惠中、交通"三大旅馆"以及各大银行等也都在此扎根。如今，在这条商业街上汇集购物、餐饮、文化娱乐等场所，是来天津必去的地方之一。

佛罗伦萨小镇 ❹

🏠 天津市武清区前进道（翠亨路口）
☎ 022-59698000
🖥 http://www.florentiavillage.com

　　佛罗伦萨小镇是我国首座纯意大利风格的大型高端名品折扣中心和休闲文化中心，占地面积 18 万平方米，建筑面积 6 万平方米，设有奢侈品、国际名品、运动和户外、休闲四大特色购物主题体验区。这里大牌云集，还有各种打折店，深受人们喜爱。

凯旋王国乐园 ❺

🏠 天津市武清区境内近郊翠通路与雍阳西道交口西北方向

☎ 022-82111888

🕐 9: 00-18: 00

🔗 http://www.victorykingdom.com

凯旋王国主题公园一期于2012年7月份建成，以大型户外游乐项目和环球杂技大赏为主，有25个大型游乐设施、一个4D影院、一个大型表演场、4个移动舞台和几十余处风格化人工造景，有七大主题园区：凯旋广场、激情游乐场、勇闯索马里、穿越无限、奇遇冒险、太空基地和童乐汇。在梦幻剧场有环球杂技嘉年华和国内风情秀两个主题表演，表演内容又舞蹈、杂耍、杂技、歌舞、国内激情街舞秀、佤族演员歌曲表演、风中少林、花样扣篮秀等。

历史文化 **游**

P130-P135

P136-P139

名人旧居路线：庆王府—静园—张学良故居—梁启超故居/饮冰室—曹禺故居—李叔同故居

风貌建筑线路：解放南路德式风貌建筑—五大道英式风貌建筑—解放北路法式风貌建筑—意式风情区意大利风貌建筑

P140-P143

P144-P151

近代史迹线路：大沽炮台—大沽船坞—小站练兵园

海河夜景线路：天石舫—摩天轮—名流茶馆—金汤桥—金街—解放桥—西岸相声

怎么去 》

　　在庆王府乘坐652路公交车可直达静园，静园距离张学良故居很近，步行即可。在张学良故居乘坐地铁3号线，在天津站换乘2号线可直达梁启超故居。曹禺故居与梁启超故居相邻，步行即可。在曹禺故居乘坐324路公交车可到达李叔同故居。

> 天津自古名人辈出，在清末民初之际，更有众多名人来此或定居，或小住。由此，在天津留下了大量的名人故居，也流传下来了众多名人轶事。

玩几天 》

1~2天

玩什么 〉

庆王府 ❶

🏠 天津市和平区重庆道 55 号
☎ 022-87135555

　　庆王府位于五大道，始建于 1922 年，原为清末代"铁帽子庆亲王"载振的府邸。历经百年更迭，如今这座传世府邸在精心修复后被赋予了新的意义：文化旅游、商务会议、餐饮宴请、娱乐休闲功能齐备，成为修身养性的至佳之选。

静园 ❷

🏠 天津市和平区鞍山道 70 号
🚌 乘坐观光 2 路、8、50、631、643、840、842、846、851、865 路公交车，在甘肃路站下车
☎ 022-23500908
🕘 9：00-16：00

　　静园始建于 1921 年，原名乾园，是民国时期参议院议员、驻日公使陆宗舆的住宅。清朝末代皇帝溥仪于 1927 年迁居此处，改其名为"静园"，取"静以养吾浩然之气"之意。新中国成立后这里一度改为民居，被分割成很多家居民的住宅。近两年才重新整修，并对外开放。现在这里已经是一座漂亮的花园大洋房。干净、整洁的环境，与之前的凌乱形成了鲜明的对比。

张学良故居 ❸

🏠 天津市和平区赤峰道 78 号
🕐 9：00-11：00；14：30-16：30

　　张学良故居是张学良二三十年代在天津的住处，其由两栋砖木结构的楼房组成，前楼为三层，建于1921年；后楼为二层，建于1926年。前楼院内广植草坪，正面二、三层设有屋顶平台，室内宽大考究，内部楼梯、地板、门窗等均采用菲律宾木料，豪华、美观。

梁启超故居 / 饮冰室 ❹

🏠 天津市河北区民族路 44 号和 46 号
🚌 搭乘 24、97、808、802、961、951、观光一路等公交车在民族路站下车
☎ 022-24450856

　　饮冰室的名字源于《庄子·人间世》的"今吾朝受命而夕饮冰，我其内热与？"一语，意为忧国忧民到了得天天晚上吃冰才能平复这种焦虑的地步，从而折射出梁启超内心的焦灼之情。饮冰室是一座灰色的二层小洋楼，建筑面积为 950 平方米，设有书房、居室、卧室等。

　　饮冰室不是梁启超的故居，而是他的一个书斋，在这里他共创作了 60 多篇著作，如《戊戌政变记》《清代学术概论》《中国近三百年学术史》等。梁启超的故居为饮冰室旁边的另一座意大利风格的二层洋楼，这座楼是梁启超自己设计的。

曹禺故居 ❺

🏠 天津市河北区民主道 5 号
☎ 022-24461985
🚍 搭乘公交 8、640、841、868、901 路在第一医院下车
🕐 9：00-16：30（周一休息）

　　天津海河左岸，意式风情区路东，一座幽静雅致的院落里，藏着两幢暗黄色的砖木结构的二层意式风格小洋楼，这便是曹禺故居。岁月的剥蚀让小楼已经苍老斑驳。隔着栅栏，可见修旧如旧的故居老宅，时空交错间，恍如隔世。故居内陈设着的曹禺的塑像、曾经的照片、亲书的手稿、阅过的书籍、用过的桌椅、佩戴过的怀表等，无不在向拜谒者默默地讲述着和他有关的往昔岁月。新辟的小剧场、音像馆和报告厅则全方位、多角度、动静结合地全面解读着曹禺艺术思想的辉煌。

李叔同故居 ❻

🏠 天津市河北区海河东路与滨海道交口
☎ 022-24458572
🚌 乘坐618路公交车在望海楼站下车
🕐 7：30-17：30（周一休息）

　　李叔同故居占地面积4000余平方米，按照"前门朝东，后门朝海河，故居坐北朝南"的原则设计。真正李叔同先生的故居在河北区粮店街60号，但因为那里年久失修，已经近于荒废。这座在62号新建的故居是按照原址的大体格局而复制的，还包括李叔同1910年从日本学成归国后建的西洋式书房"意园"。李叔同先生（1880—1942年），学名文涛，原籍浙江平湖，清光绪六年（1880年）生于天津。他的前半生可谓尽显才情，写得一手好书法、好文章。那首妇孺皆知的"长亭外，古道边，芳草碧连天"的歌词就是出自他的手笔。后皈依佛门，法号弘一，世称弘一大师。1942年秋病重，书二偈与诗友告别，偈云："君子之交，其淡如水；执象而求，咫尺千里；问余何适？廓尔忘言；花枝春满，天心月圆。"1942年10月13日，弘一大师圆寂于泉州温陵养老院，临终前他手书"悲欣交集"四字，感慨浮世。来李叔同故居游览的朋友一定不要错过宙纬路上的李叔同书法碑林，欣赏一下这位大师珍贵的墨宝。

历史文化游 **2**

风貌建筑线路：解放南路德式风貌建筑—五大道英式风貌建筑—解放北路法式风貌建筑—意式风情区意大利风貌建筑

意式风情区意大利风貌建筑
二号线
解放北路法式风貌建筑
一号线
五大道英式风貌建筑
三号线
解放南路德式风貌建筑

"说到天津，很多人都会想到充满异国情调的五大道，以及道路两边的小洋楼。其实，在天津除了五大道之外，在解放南路还有大批的德式建筑，解放北路则有大量的法式建筑，还有意式风情区的意大利式建筑。这些都是天津特有的风貌！"

玩几天 〉

1~2 天

怎么去 〉

　　五大道英式风貌建筑与解放南路德式风貌建筑、解放北路法式风貌建筑相距不远，步行即可到达。在解放北路乘坐 605 路公交车，可直达意式风情区意大利风貌建筑。

玩什么 〉

解放南路德式风貌建筑 ❶

🏠 天津市河西区解放南路
🚇 地铁 1 号线小白楼站

　　解放南路已有百余年的历史，其西北起徐州道与解放北路相接，全长 9.8 公里，是天津市历史风貌建筑的聚集地之一，曾经有大量的名人故居坐落于此，如今有天津德国俱乐部（解放南路 273 号）、吴毓麟旧宅（解放南路 292 号）、东光大楼（解放南路 327 号）等优秀建筑历史建筑。德式建筑外形简练、现代、充满活力，材料品质精良，注重细节，如今在解放南路的很多建筑上都能看到这些特征。德式建筑历久弥新，即使经历百年，也不会被历史所淘汰，反而会随着岁月的积累变得更加珍贵。

五大道英式风貌建筑 ❷

🏠 天津市常德道与贵州路交口
🚍 4、9、619、831 路等可达

　　"五大道"位于天津市中心南部，其实，它并非一个正式的地名，只是流传甚广的俗称。五大道风情区实则为六大道，即成都道、重庆道、常德道、大理道、睦南道和马场道。五大道位于原先的英租界内，它最吸引人的，就是那些风格迥异并具有欧陆风情的小洋楼。这里汇聚着英、法、意、德、西等国多处风貌建筑。

　　英式建筑具有陡峭的侧三角形屋顶，屋顶几乎无装饰，木板大门，斜网格窗户。在位于香港路的张作霖三姨太许氏故居，可以找到英式建筑的特征。法式建筑注重装饰，并且具有对称庄重的形式，位于马场道的天津外国语学院教学楼是一座不可多得的法式建筑，可以去看看。

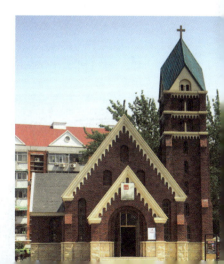

意大利式建筑的特点是外形自由、追求动态，喜好富丽的装饰和雕刻、强烈的色彩，常用穿插的曲面和椭圆形空间。安乐村 15 号的建筑，在阳台、地下室、走廊上都体现了意大利风格。德式建筑风格是建筑平面布置不整齐，没有内院，体形自由。以睦南道 94 号的李勉之故居最为典型。西班牙式建筑通常以远高近低的层级方式排布，高低错落，符合人的空间尺度感，大理道 66 号的和平宾馆整体反映了这些特点，感兴趣的游人可以住在这里感受一下。

来五大道游览首推马场道和睦南道，在这两条不宽的马路上，小洋楼和名人故居最为集中。解放北路，曾为旧时租界，现已成为天津金融一条街，风格各异的银行建筑又有别于故居旧宅，更加恢宏大气。各大银行的天津分行在这里都有一席之地，各大建筑也最有历史的厚重感。而常德道、重庆道、成都道有很多餐饮娱乐场所，茶馆、酒吧、西餐厅在这里云集，热闹非凡。

解放北路法式风貌建筑 ❸

🏠 天津市和平区
🚇 地铁 1 号线小白楼站

解放北路始建于 19 世纪 60 年代，其西北起张自忠路与解放桥相接，东南到徐州道，全长 2 300 米，因当时很多银行坐落于此，因此有了"东方华尔街"的美誉。如今，解放北路上还有天津利顺德大饭店、大清邮政津局大楼、天津汇丰银行大楼、天津中南银行大楼、天津花旗银行大楼、天津利华大楼、中央银行天津分行大楼、天津怡和洋行大楼、裕中饭店大楼、百福大楼、美丰洋行大楼等建筑。

解放北路上的建筑呈现出法式风格，建筑体型以清新、亮丽、现代为基调，给人轻盈、活泼的感觉。走在这条路上，仔细观察这些建筑，发现很多建筑上细节都有雕琢，雕花、线条灯，给人以浪漫感觉。

意式风情区意大利风貌建筑 ❹

🏠 河北河北区光复道，西起河北区胜利路，东至河北区五经路
🚌 5、8、27、324、634、635 路等可达

意大利风情区坐落在天津的海河河畔，现在是天津海河风景区的重要景区和游览休闲区。新中国成立前这里一度是意大利人在天津的租界。意大利风情区建于 1902 年，占地约 28 万平方米。这里是中国唯一的意租界，也是意大利在境外的唯一一处租界。当年，由于意大利对华贸易有限，来华商人不多，所以天津意租界内部的建设更像是一处高级住宅区，沿街的建筑没有雷同的。该区内历经百余年的建筑大多保存完整。

在我国近代史上，天津有着举足轻重的位置，这其中又与有'京津门户、海陆咽喉'之称的大沽密不可分。如今，来到这里还能看到'津门三宝'的大沽炮台、北洋水师大沽船坞遗址等，可以说这是一个充满悲壮历史的地方！

玩几天 〉

1~2 天

怎么去 〉

大沽炮台与大沽船坞相隔不远，步行即可。从大沽船坞乘坐 627 路公交，在滨河医院站下车换乘 208 路可到达小站练兵园。

玩什么 〉

大沽炮台 ❶

🏠 天津市滨海新区东炮台路 1 号
🚌 乘坐从天津到塘沽的 621、613 路中巴车，到塘沽后再换乘 110 路公交车即可到达
☎ 022-25232288
🕐 8：30-16：30

　　如果要到天津旅游一定不能错过"津门三宝"："鼓楼、炮台、铃铛阁"。所谓的炮台就是这座大沽口炮台。明嘉靖年间，为防倭寇，大沽口开始设海防；1816 年，清政府在大沽口南北两岸各建一座圆形炮台，并逐渐形成以"威、镇、海、门、高"为主体的完整防御体系；1901 年，清政府签订《辛亥条约》，炮台被拆毁，仅余遗址。我们今天看到的只有这座最为坚固的"海"字中炮台。作为中华民族抗击侵略、不畏强暴的历史见证，游览大沽口炮台具有深远的教育意义，这里也是各类院校组织学生参观的爱国主义教育基地。

大沽船坞❷

🏠 滨海新区大沽坞路 27 号天津市船厂之内
☎ 022-65266132

大沽船坞的全称为"北洋水师大沽船坞遗址"，始建于 1880 年，是我国近代第三所造船厂，也是中国北方最早的船舶修造厂和重要军工基地。1890 年以后，这里除修造舰船外，还开始制造枪、炮、水雷等军械。

由于大沽船坞的"甲"字坞，即一号坞在 1977 年改建为水泥坞，所以该坞至今保存完好，仍在使用，其余的"乙、丙、丁、戊、己"船坞均在不同时期遭到不同程度的破坏。

小站练兵园❸

🏠 天津市津南区小站镇津岐路旁
☎ 022-88615708

这里是当年袁世凯督练新军的地方，这里是清政府开始编练近代化军队的起点，中国近代军制史也是从这里开始的，这里还是中国军队第一次从冷兵器进入热兵器时代……如今，这里是"近代中国看天津"的重点项目之一。这里是对中国军队发展史感兴趣的游客的胜地。

历史文化游 4 海河夜景线路：天石舫—摩天轮—名流茶馆—金汤桥—金街—解放桥—西岸相声

> 海河是天津的血脉，是这座城市的母亲河，更是天津这座城市的象征和历史的见证。在夜晚乘着船，飘荡在河上，看着璀璨的夜景，更是观察天津的一个新视角。

玩几天 〉

1~2天

怎么去 〉

这条路线上的景点都在海河两岸，沿着海河步行游览即可。也可以在古文化街码头乘游船游览。

玩什么 〉

天石舫❶

🏠 天津市河北区新开河（近子牙河）

　　海河观光线起点就是天石舫码头，码头长40米，宽6米，设计为浮船样式，样式很漂亮，是较为理想的拍照留影地。

摩天轮❷

🏠 河北区李公祠大街与五马路交口
☎ 022-26288830

　　永乐桥拥有世界上唯一一座建在桥上的摩天轮，它被誉为"天津之眼"，也是天津的地标建筑之一。摩天轮的直径为110米，夜晚五彩绚烂的霓虹灯沿着海河两岸闪烁，登上摩天轮到达最高顶端时的高度可达到120米，相当于35层楼的高度，可将远处的建筑、灯火美景一一尽收眼底。

名流茶馆❸

🏠 和平区新华路 177 号和平文化宫 1 楼
☎ 022-27116382

　　这家茶馆是天津的老牌相声茶馆，成立于 1991 年，是改革开放茶馆行业复苏以来天津第一家具有传统民俗特征和举办民间演出性质的天津相声茶馆。马三立先生题写了"名流茶馆"的匾额，老舍夫人胡絜清题写了"名流"二字，由此可见，这家茶馆在天津文化界的地位。

金汤桥❹

🏠 天津市河北区海河东路与建国道交口
🚌 公 交 8、14、27、324、634、635/638 路等可达

　　金汤桥建于光绪三十二年（1906 年），是天津市现存最早建造的大型铁桥之一，也是目前国内仅存的三跨平转式开启的钢结构桥梁。其位于建国道西端与水阁大街之间的海河上，取"固若金汤"之意，桥长 76.4 米，总宽 10.5 米。平津战役中，金汤桥完成胜利会师，因此这里又成为象征天津市解放的标志性建筑。

金街 ❺

🏠 天津市和平区 和平路
🚇 地铁 3 号线和平路站

　　国内目前最长的商业步行街——天津金街，位于和平区中心繁华地带，是一条旅游休闲购物街。站在采用欧式设计风格的步行街上，仿佛让人置身于欧洲繁华的商业中心。街上老字号罗列、大品牌云集，各种风味小吃也层出不穷，绝对是你感受天津的绝佳所在。

解放桥 ❻

🏠 天津市河北区（紧邻河北区世纪钟）

🚇 地铁 3 号线津湾广场站下

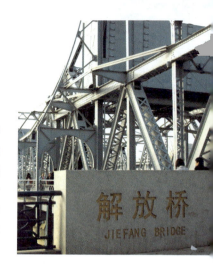

原名为"万国桥"的解放桥，是一座可开合的钢铁桥梁。解放桥位于天津火车站和解放北路之间的海河之上，是海河两岸交通的重要桥梁。建于 1927 年的解放桥直至今日还在为天津的交通发挥出重要作用。全钢的桥梁结构也见证了全世界建筑史的重要发展历程。

西岸相声 ❼

🏠 河西区徽州道 29 号人民公园内
☎ 4001188921

　　位于公园内部的会馆，自然环境非常好，交通便利。会馆内部装修得古香古色的，很有味道。这里的相声段子都比较新，每周主题不同，都是新编的，很多包袱都与时俱进，深受年轻人喜爱。

滨海休闲**游**

P154-P157

航母主题公园

欢乐水魔方

东疆湾沙滩

邮轮母港

九号线

海河

渤海湾

滨海休闲游 1

滨海休闲线路：航母主题公园—欢乐水魔方—东疆湾沙滩—邮轮母港

P158-P163

华侨城欢乐谷　　中心渔港

北塘古镇

方特欢乐世界

海河外滩

极地海洋世界

九号线

海河

渤海湾

滨海休闲游 2

亲子欢乐线路：中心渔港—方特欢乐世界—北塘古镇—海河外滩—极地海洋世界—华侨城欢乐谷

P164-P167

北塘排污河

空港燕莎奥特莱斯

纺织博物馆

应大皮衣博物馆

空客A320　　海鸥手表厂

滨海休闲游 3

特色工业线路：空港燕莎奥特莱斯—纺织博物馆—应大皮衣博物馆—海鸥手表厂—空客 A320

> 天津是我国华北地区著名的海滨城市，得天独厚的地理位置，使得这座城市拥有很多与'海'有关的休闲娱乐场所，备受游人喜爱。

玩几天 〉

2~3天

怎么去 〉

这条路线上的景点都在海滨高速路上，因此很适合自驾游。

玩什么 〉

航母主题公园 ❶

🏠 滨海新区汉沽汉北路 269 号
☎ 022-67288899
🕐 旺季（3 月 1 日至 10 月 31 日）9：00-17：30； 旺季周末（周六、周日）以及五一、十一黄金周 8：30-18：00；淡季（12 月 1 日至次年 2 月 28 日）9：00-17：00
🔗 http://www.binhaipark.cn

以基辅号航母为主要景观，集军事国防、现代科技、休闲娱乐为一体的军事主题公园。主要景点有基辅号航母、俄罗斯文化创意风情街、世博天津馆、基辅 4D 影院、航母 CS 野战营等，其王牌项目有航母风暴、飞车特技、花车巡游、喷气飞艇等。

值得一提的是基辅号航母，建造于 1970 年，是苏联"基辅"级航母的首制舰，1975 年建成服役，1994 年退役。

欢乐水魔方 ❷

🏠 天津市中央大道旁（永定新河桥）安康道与山岚路交口
☎ 022-59919999
🕐 10：00-18：00
📱 http://www.hlhmf.com

　　欢乐水魔方是依据国际主题景区品质精心打造的"中国人自己的水上乐园"，总占地约1 000亩，由水上乐园、室内盐疗馆、渔人码头、五星级酒店、酒店附属独立度假屋和度假公寓等组成，其中，欢乐水魔方嬉水乐园占地7万平方米，内有海啸冲浪、深海龙卷风、魔幻漩涡、漂流河、大型儿童水上游戏、水上过山车等18项世界顶级室外游乐设施和50条各式滑道。

东疆湾沙滩 ③

🏠 津市滨海新区东疆湾沙滩景区
🚌 公交 513、942 路可达
☎ 022-58659072、58516700

　　天津东疆湾沙滩是我国最大的人造沙滩景区，是京津两地唯一的由大海、沙滩组成的浪漫海岸线。

邮轮母港 ④

🏠 天津市东疆港区南侧母港（近东疆保税港区）
🚌 513 路可达
☎ 022-25605128

　　新建的天津国际邮轮母港位于天津港东疆港区南端，2010 年 6 月 26 日正式开港，意大利歌诗达"浪漫"号、美国皇家加勒比"海洋神话"号等知名国际游轮，都在此启航。

亲子欢乐线路： 中心渔港—方特欢乐世界—北塘古镇—海河外滩—极地海洋世界—华侨城欢乐谷

> 在天津海滨高速路附近有几座令小朋友们流连忘返的地方，这就是航母主题公园、海魔方水世界、极地海洋世界等，每到夏天，这里可以说就是孩子们欢乐的天地！

玩几天 》

2~3天

怎么去 》

这是一条很适合自驾的路线，航母主题公园、海魔方水世界、极地海洋世界都在海滨高速沿线，风景很好。极地海洋世界走津滨高速、东金路可到天津华侨城欢乐谷。天津华侨城欢乐谷距离空港燕莎奥特莱斯约12公里，开车走东丽大道、赤海路即可。

玩什么 〉

中心渔港 ❶

⌂ 天津市滨海新区彩虹桥西南侧

这是一处中式仿古建筑，具有明显的四合院特色，集海鲜餐饮、海产品购物、亲水娱乐为一体。内有海鲜餐馆、沿街商铺、步行街、观海楼、海鲜市场、停车场等设施。

方特欢乐世界 ❷

⌂ 天津市中新生态城中生大道北首
🚌 公交 128、528 路等可达
☎ 4001660006

天津方特欢乐世界是采用第四代高科技支撑而建立起来的主题公园，这使得它在京津冀地区独树一帜。位于滨海新区生态岛的方特欢乐世界以最前沿的科幻题材与游客互动为特色，不同年龄层次的人都能在这里体验到一场空前的欢乐盛宴，同时这里也是一个充满探险色彩的地方。

北塘古镇 ❸

🏠 天津市滨海新区彩虹桥西南侧

　　北塘古镇是近年新建的古镇，采取文化、旅游、商业、人居四位一体的发展模式，重现民间绝活、传统美食、民俗表演等历史风貌。古镇内由凤凰街、沽酒巷、观澜书院、双垒广场、清河会馆、中式大宅等建筑组团组成，建筑精美，古香古色。

海河外滩 ❹

🏠 天津市滨海新区
🚌 617郊区线路、101、102、936路（区间）塘沽线路均可到达
☎ 022-66861641

与天津海昌极地海洋世界隔河相望的海河外滩公园，东起塘沽新华路立交桥，西至悦海园高层住宅小区，北至上海道解放路商业步行街，南临海河。这里是附近市民纳凉散步的好去处，有很多家长带孩子来沙滩上玩耍。这里也是拍摄海鸥的好地方，徐徐河风凉爽，成群的海鸥聚集在公园河畔，悠闲自得。

此外，还可看看已经没落的"东方公主"号游轮，或是摩天轮海盗船。海河外滩公园最为抢眼的还是要数三组大型标志物"海之魂"，形状好似三艘乘风破浪的帆船，自西至东分别高达100米、70米、50米，环绕三个标志物形成的景观水体约9 000平方米，与蔚蓝的海河水相映生辉。

极地海洋世界 ❺

🏠 天津市滨海新区响螺湾商务区 61 号
🚌 到达塘沽区后可乘坐公交 110、821、131 路均可到达
☎ 022-66227777
🕘 9：00-17：00（停止售票时间 15：40）

　　沿着海河文化墙，过海门大桥，位于海门大桥左侧的就是天津海昌极地海洋世界。远远看去，场馆的外造型犹如一条巨大的鲸鱼，游进海河湾，栖息在天津滨海新区的著名塘沽外滩河畔。海洋馆占地面积约 5 万平方米，建筑面积约 4.7 万平方米，最高建筑高度 67 米，目前是世界上规模最大、展示极地海洋生物品种最全的极地海洋动物展览馆。

　　在这里，帽带企鹅、阿德利企鹅、帝企鹅、白眉企鹅等体型或大或小的各类企鹅十分可爱。它们有的跟在饲养员身后，想饱餐一顿，有的静

地待在墙边，冷静地注视着前方，一动不动让人误以为是墙壁上的背景画。除了企鹅和北极熊，这里还拥有一个极地动物大家族：和潜水员逗乐的白鲸，叼着潜水员的脚蹼；长着两条长牙的海象，优哉游哉地游着八字；还有懒懒的西非海牛、打着盹的北极狼……

　　来到海洋世界怎能错过表演！这里除了有海豚的水上芭蕾、海狮的吹喇叭表演外，还有全国唯一的伪虎鲸表演，它们为观众高歌一曲，使大家听到一种从未听到过的奇特声音。训练外表凶残、内心温柔的伪虎鲸需要 5～6 年，长期的训练时间让伪虎鲸和训练员建立起了深厚的感情。有时候顽皮的伪虎鲸在表演完后，嫌训练员奖励的鱼不够多，赖着不下场，居然摇头晃脑地和训练员讨价还价，惹得观众捧腹大笑。

华侨城欢乐谷 ❻

🕐 周一至周五 9：30-17：00；节假日、周末 9：00-17：00

🏠 http://www.022huanlegu.net

　　天津欢乐谷主题公园包括陆地主题公园和室内外水主题公园两大部分，其面积达 35 万平方米。天津欢乐谷主题公园实现了室内与室外双重场馆的构建，突破了户外游乐园传统的娱乐模式。天津欢乐谷主题公园是我国室内场馆面积最大的四季欢乐主题公园，也是国内运用最新智能技术建设的第一生态环保公园。园内拥有我中国单轨长度最长、高度最高的木质过山车，国内最高的鬼屋与恐怖塔创新娱乐组合等先进游乐设施。

> 特色工业游是天津极具特色的一个旅游项目，在这里可以看到空客A320的生产过程，可以看到皮衣的发展过程，可以了解纺织品的过去和现在，还可以一睹我国第一块手表诞生地的风采，更能了解天津这座充满魅力的城市！

玩几天 》

1~2天

怎么去 》

这条路线上的四个游览场所都在天津空港经济区内，且相距不远，步行或乘坐出租车均可到达。

玩什么 〉

空港燕莎奥特莱斯 ❶

🏠 天津市空港经济区环河北路 98 号

　　这里是天津市最大规模的品牌名品折扣集聚地，是一座以欧洲花园式风情为主题的集购物、休闲、娱乐、餐饮、旅游等为一体的具有国际水平的奥特莱斯主题购物广场。其建筑面积达 8.8 万平方米，有 500 多个品牌、330 个独立店铺，是一个购物休闲的好地方。

纺织博物馆 ❷

🏠 天津市滨海新区空港经济区东九道与中心大道交口处

有古代纺车、铁木织机、提花织机、立式开棉机等多种珍贵的历史纺织设备，是了解天津纺织业发展的最佳去处之一。

　　天津纺织博物馆位于天津市滨海新区空港经济区天纺大厦内，是国内首座纺织主题博物馆。该馆总建筑面积为 1861 平方米，馆藏资料涉及 15 大类。馆内由四部分组成，分别是古代纺织，近、现代纺织，当代纺织和专题展区，展出文献 300 余册、图片 5 000 余幅，器具 2 000 余件。展品

应大皮衣博物馆 ❸

🏠 天津市空港经济区西十一道 135 号
☎ 022-24968888

　　应大皮衣博物馆是一座现代化智能型博物馆，建筑面积 1 500 平方米，馆内收藏 220 余件皮衣珍品，包括古典、现代、国内、国外，令人大开眼界。除此之外，馆内还展示了多种皮衣制造工具和皮料，还复原了皮货交易的场景，将整个皮衣发展史呈现在人们面前。

海鸥手表厂 ❹

🏠 东丽区空港经济区环河南路 199 号
☎ 022-23591225
📱 http://www.seagullwatch.com

　　天津海鸥手表集团公司原天津手表厂，始创于 1955 年，是我国第一块手表——"海鸥"牌手表的诞生地。发展至今，这座厂已有 50 多年的历史，与其说是生产手表的工厂，不如说它更承载了一代人的记忆。如今，天津海鸥手表集团公司是中国最大的手表生产基地，其生产的手表行销于全国各大中城市。

空客 A320 ⑤

🏠 天津市空港经济区

空客 A320 飞机是由天津工厂组装的国产空客 A320 飞机，也因此，天津成为继美国西雅图、法国图卢兹、德国汉堡之后，世界上第四个拥有大飞机总装线的城市。

空客 A320 系列飞机总装线是我国最大最先进的飞机组装厂，总装线项目分为总装厂房、喷漆厂房、动力站、飞机库、总装设施、室外设施、基础设施 7 个子项目、19 个单体建筑及构筑物。

山野
名胜 游

P170-P175

山野名胜游 **1**

名胜观光路线：盘山—独乐寺—黄崖关长城

P176-P179

山野名胜游 **2**

国家地质公园线路：九龙山国家森林公园—八仙山—梨木台—九山顶

P180-P183

山野名胜游 **3**

生态休闲线路：七里海国家湿地公园—热带植物园—杨柳青庄园—水高庄园

P184-P187

山野名胜游 **4**

古镇风情线路：玉佛禅寺—意合堂会—石家大院—如意街—杨柳青年画博物馆—精武门·中华武林园

P188-P190

山野名胜游 **5**

养生度假线路：光合谷旅游度假区—团泊湖旅游度假区—萨马兰奇纪念馆

山野名胜游 1

名胜观光路线：
盘山—独乐寺—黄崖关长城

> 天津的山，拥有出众的气质，线条优美，性格含蓄；天津的山，美不在雄伟险峻，而在于温婉的秀美、清丽的风韵。来到天津蓟县，我们即将开始我们的山野名胜游，欣赏天津山的秀色。

玩几天 〉

2~3天

怎么去 〉

盘山乘坐旅游专线 11 路可到达独乐寺，很方便。从独乐寺到黄崖关长城约 27 公里，建议自驾或包车。

玩什么 〉

盘山 ❶

🏠 天津市蓟县官庄镇莲花岭村
🚌 蓟县长途汽车站坐面包车或者电动三轮车前往
☎ 022-29821235
🕐 8：00-18：00

　　盘山风景区绝对是一个非常理想的旅游地点。它的自然景观峻美秀丽。一路登山而上，移步换景，各具千秋。盘山被分为"三盘"，即下盘水胜，中盘观石，上盘赏松。从入口的渔阳八景之一"三盘暮雨"开始就正式进入盘山上盘景区，为了方便老人们在此爬山健身，中下盘景区可免费游览。

　　乾隆曾先后 32 次亲临盘山，除了祭祖扫墓，还为替他出家的恩人报恩。当年清乾隆皇帝游历此地时便有"早知有盘山，何必下江南"的感叹。这里同时也有许多庄严古刹、浮屠塔林等人文景观，与整个山势以及周围的自然景观融为一体，相辅相成，颇有味道。

　　游览盘山，一进大门就被这里

的水景所震撼，漱峡飞天而下的水流溅到石头上，水珠迎风，凉爽扑面，滔天的水声在耳畔轰响，就连空气中也弥漫着湿润的味道。行走其中，看那挂于山涧的瀑布飞流而下，潺潺的溪水在石间穿流，一池一池的潭水上缭绕着淡淡的雾气，恍如进入了仙境。步行而上，中盘的奇石与山间的寺庙也总给人一种超然于尘世的感觉。

其间的普照禅师宝塔坐落在万松寺内，此塔于清康熙年间建造，是纪念明代万历四年来此寺做住持的普照禅师。另有天成寺舍利塔，始建于唐，重建于辽天庆元年至十年（1111—1120年），明崇祯年间重修。此塔为八角密檐结构，共13层，通高22.63米。每个檐角悬挂铜铎，共104枚，内藏3万余颗舍利。倘若你能爬到山顶，不仅能够体会"一览众山小"的感觉，还有机会游览一下云罩寺。如果你足够幸运赶上倾盆大雨过后再爬山，定能看到那烟云笼罩的胜景。盘山中段的山路是没有台阶的，更像是未经人工铺设的野路，虽然没有什么危险，不过却有翻山越岭般的行路感受。

春季为了防火，景区只开放到万松寺，想要登顶可以选乘游览车或索道。

独乐寺 ❷

🏠 天津市蓟县武宁街41号
🚌 乘蓟县1、531路公交车，在独乐寺站下车；或从长途汽车站下车后步行前往，约15分钟
☎ 022-29142904
🕐 8：30-17：30

　　独乐寺是建于唐朝的一座木结构寺庙，也是中国现存最古老的阁楼式木建筑。1932年，梁思成的一篇关于独乐寺建筑分析的论文，震动了国际建筑学界。

　　独乐寺建筑上的绝，不仅仅在于年代的久远，更在于它根据位置、功能、结构的不同，使用了24种斗拱样式，这种对斗拱的运用，历史上绝无仅有。

　　山门上浑厚的"独乐寺"是明代大学士严嵩的亲笔题写，阁楼顶的"观音之阁"是大诗人李白的手书，下层的"具足圆成"是清朝咸丰皇帝的御笔。

　　观音阁通高23米，阁内有一尊16.8米高的十一面观音像，这是我国现存最高大的泥塑站像了。

黄崖关长城 ❸

🏠 天津市蓟县下营镇黄崖关村卫围公路 28公里
🚌 蓟县长途汽车站向南第一个红绿灯有载客的面包车，每人10元
☎ 022-22718080
🕐 6: 30-18: 30

到黄崖关就是来爬长城的。虽然这里还有其他的景观，如长寿园中被列入吉尼斯纪录的"寿"字的一万种写法，或者按八卦的卦形规律所建起的黄崖关关城等，都可以去看看。不过来到黄崖关最大的乐趣还是爬长城。黄崖关长城始建于北齐，明代重修，长42公里，其中古墙21.5公里，砖墙2公里，敌楼52座，烽火台14座。黄崖关从正门而入过黄崖关正关，整个长城向东西两个方向延展开来。如果体力允许可以先从西边开始攀爬，这边的道路比较平坦，路程也不是太长，一直前行可以看到古老的石砌的长城。然后再去爬东面的长城，由此路可以途经水关长城，它是跨河而建的五孔长城。之后就是一段较为单调的盘山路，一路上可以欣赏对面壮阔的长城，爬一个多小时后可以看到一些烽火台，继续前行山顶一带有戚继光像。爬长城最大的苦恼莫过于长城上基本没有什么遮阳的路，只能是顶着太阳。而黄崖关东面的这段长城，整个山路上都没有烽火台，山路狭窄，连休息的地方都不好找，而且没有卖水的小摊。所以来爬黄崖关长城一定要准备水，而且做好防暑准备。不过当你爬到终点的时候，你会觉得一路的辛苦绝对是值得的。

住哪里 〉

郭家沟农家院
🏠 天津市 蓟县下营镇郭家沟
☎ 18622160955

蓟县四合院
🏠 天津市蓟县莲花岭村（距盘山景区售票口 50 米）
☎ 13672124141

天津亿豪山水郡国际度假酒店
🏠 蓟县渔阳镇东大屯
☎ 022-82758888

吃什么 〉

蓟县传统家常菜

　　住在农家院最大的好处就是包三餐，而且三餐选用的食材均为当地采摘，口感新鲜而且营养价值颇高。以蓟县盘山贵人居农家院为例，美味早餐虽然简单，却爽口健康：大头菜、白菜丝、腐乳、苞米粥、大饼，还有只能在蓟县才吃到的麻酱鸡蛋。

　　丰盛的晚餐更是美味云集，有用白面做成的卷子：两面煎至金黄，皮脆内软；拍黄瓜用的是自家种的无公害黄瓜；翻炒散养土鸡下的柴鸡蛋，简单的烹饪方式保证了食材的原汁原味。除了满桌用无公害蔬果、野菜烹饪的各式小菜，自己还可以带食材来烹饪，加工免费。

香酥饼

　　盘山脚下有一家专卖香酥饼的小店，据说香酥饼是乾隆最爱的小食，他走到哪里，就会带到哪里，这也成为盘山的特色名吃。店家是祖传的手艺，将熬得热腾腾的蜂蜜浇到铺满瓜子、花生等果仁的圆台上，抡起大木槌轮番敲打，成形后切块，然后用油纸仔细包起来，口感香甜酥脆。

> 天津不仅拥有独特的人文景观，更有奇幻、多变的自然风景。在这条路线上，汇集了天津知名的国家级公园，挑选其中几个游览一番，便会被天津的自然美景所折服。

玩几天 〉

2~3天

怎么去 〉

独乐寺西停车场外面，那里有到八仙山的大巴。之外的景区都不通公交车，需要包车游览。

玩什么 〉

九龙山国家森林公园❶

🏠 天津市蓟县城东穿芳峪境内
☎ 022-29742069
🕐 7：00-21：00（4 月份至 11 月份开园）

　　总面积 2 126 万平方米的九龙山国家森林公园是天津市面积最大的国家森林公园，公园内包括九龙山、梨木台山、黄花山三大景区。公园内有九条山脊并排而立，似九龙聚首，因此得名"九龙山"。

八仙山❷

🏠 天津市蓟县下营镇北小港乡境内
🚌 从蓟县站有到八仙山的中巴可到达，也可以坐三轮车到古街西口，即独乐寺西停车场外面，那里有到下营的大巴，一般 5-7 元／人，到八仙山，一般 10 元左右；或者选择包车，一般 50 元，直接到景区门口
☎ 022-22711340
🕐 6：00-17：00

　　八仙山自然保护区又名"洋楼山""蝈蝈笼子山""拐窟窿山"。相传八仙过海时，曾围着此山上的一块大石小憩，后来人们把这块巨石称为"八仙桌子"。这里海拔 900 米以上的山峰有 19 座，主峰"聚仙峰"

海拔1 052米，是天津市的最高峰，其总面积达53.6平方公里，森林覆盖率达95%以上。北、东侧为悬崖峭壁，西、南面较为平缓。这里的地层是距今14亿～18亿年间古海沉积的长城系石英岩，8亿年前海退成陆，1亿年前"燕山运动"中经过断裂、褶皱、隆起，呈现出山地风貌。这里的植被类型为桷栎、照山白、羊胡子草落叶阔叶群与吴茱萸、坚桦、大叶白蜡群落。林区盛产猕猴桃，还有华北特有的"东陵八仙花"和国家三级保护植物"核桃楸"。

梨木台 ❸

🏠 天津市蓟县下营镇船舱峪村北
☎ 022-22711571
🕐 7：00-17：30，冬季封山（11月1日至次年3月31日）
🏠 http://www.limutai.net

梨木台风景区依海拔997米的梨木台山而建。景区内溪水灵动、绿树婆娑、群峰空幽雄奇，被誉为"天津的神农架"。

景区内密布原生态森林，这片起源于7 000万年前的富含负氧离子的森林是一处天然的氧吧。各种珍稀动植物也栖息于此，更为游人增添了无数的野趣。

1 400多年前修建的北齐长城也盘踞在景区内，更为梨木台风景区增添了厚重的人文魅力。

九山顶 ④

🏠 天津市蓟县下营镇常州村远古区 10 号
☎ 022-29718109

　　九山顶海拔 1 078.5 米，是天津的最高峰。景区内山清水秀，植被茂密，气候凉爽，是天津一处不可多得的避暑胜地、天然氧吧。在这里主要有老龙潭、天隧道、离俗桥、望佛台、天门口、石瀑布、九山顶主峰、小西天、轮回洞、神秘谷、步云桥、云泉洞、国画岭、杨穆庵遗址等景点。除了观景之外，还可以骑马、垂钓、采摘，还可以吃住在农家小院，体会农家之乐。

住哪里 〉

梨木台红艳农家院
🏠 下营镇船仓峪村
☎ 15122406089

九山顶东篱雅舍
🏠 蓟县下营镇常州村
☎ 15222869500

生态休闲线路：七里海国家湿地公园—热带植物园—杨柳青庄园—水高庄园

> 作为我国直辖市之一的天津，其市内有着大都市的风貌，而在近郊等地还拥有着保护完好的生态环境，是京津两地人们周末休闲度假的首选地！

玩几天 〉

2~3天

怎么去 〉

这条路线适合自驾游，从七里海距离热带植物园约51公里，走津榆复线、津芦线、外环北路、阜锦道即可到达。热带植物园到达杨柳青庄园约14公里，走外环西路、津杨路、万卉路、阜锦道、新华道、京福线、津同线、西青道、柳叶岛路、西河闸路、津同线即到。杨柳青庄园距离水高庄园约15公里，走津同线、西河闸路、柳叶岛路、西青道即到。

玩什么 〉

七里海国家湿地公园 ❶

🏠 天津市宁河县七里海大道与海清路交口处
☎ 4000651777
🕐 9：00-17：00（游船运营时间 9：00-16：30）

　　七里海国家湿地公园地处天津市东北部，距离市区 30 公里。该公园占地约 1 万余亩，是天津最大的天然湿地，被誉为"京津冀的后花园"。公园内拥有"自然、生态、野趣"三大特色，拥有"银鱼、紫蟹、芦苇草"三宗宝。游览区分东、西二区，东区有趣味垂钓区、动物标本科普展厅、游船码头、山门、铁索桥、婚纱摄影基地、荷兰风车园、水上烧烤亭、豪华雅间餐厅；西区有历史民俗雕塑展示长廊、湿地植物展示区、水上及沙地拓展区、儿童游乐天地、3D 梦幻城堡、钓蟹池、风味美食街、自选餐厅、水上舞台。

热带植物园 ❷

🏠 天津市西青区七号桥北 300 米（曹庄花卉市场内）

🚌 搭乘 616、620、645 路公交车，在曹庄花卉市场站下车；或乘地铁 2 号线在曹庄站下车；从天津火车站北广场搭乘出租车约 30 ～ 35 元，25 分钟车程

☎ 022-27948011

🕐 8：00-17：00

　　天津热带植物观光园是亚洲最大的室内生态植物观光园，占地 4 万平方米，由四季花卉厅、科普教育厅、热带雨林厅和综合服务厅组成。园内有 3000 余种各式各样的热带植物，设有空中蝶园、梦幻森林、恐龙园、百鸟园、小村庄以及环绕村庄的小溪等热带景观，这里可以进行人工降雨、模拟雷声等，让人有身临热带雨林的真切感受。这里的空气湿润，也因为有众多的植物而显得格外清新。园内的景观令人赏心悦目，不论是醉人的绿，还是怒放的万紫千红。漫步园中，你无须知道身边的植物属于哪科，只要它们绿油油地立在那里，成排成片地映入你的整个视线，你的心情就会变得愉悦起来。同时这里还有很多平时很少能够看到，甚至闻所未闻的热带植物，它们色泽艳丽、形态可人，让人目不暇接。来到这里，一定要给相机备足电池，一定不要错过"收藏"如此美丽园景的机会。

杨柳青庄园 ❸

🏠 天津市西青区杨柳青镇北津同公路 20 公里处

☎ 022-27921666

🕐 9：00-17：00

　　杨柳青庄园位于杨柳青镇北部，园区占地近 800 亩，绿化覆盖率 90%，水域近百亩，是天津著名的"天然氧吧、万亩果园"。庄园内不仅有小桥流水、沙滩丛林，并拥有很多水上娱乐设施，还可以来此烧烤野炊。

水高庄园 ❹

🏠 天津市西青区辛口镇水高庄村

☎ 022-27458878 4006317668

🕐 8：00-17：00

　　水高庄园位于天津市西青区东淀都市型现代农业核心区内，占地面积 1 500 亩，共分农业风情园区、子牙河风情园区、欢乐谷采摘园区、温室栽培展示园区、乡村温泉休闲园区五个特色院区，有飞虹大桥、二代日光温室、亲水平台、船运码头、葡萄园、鱼乐园、荷香园、百花园、五谷丰登门等景点。

山野名胜游 4

古镇风情线路：玉佛禅寺—意合堂会—石家大院—如意街—杨柳青年画博物馆—精武门·中华武林园

> '杨柳青年画'和'霍元甲'，这都是天津最有名气的名片之一，要想感受着两张名片的文化魅力，则必须要到走一下天津古镇风情游的路线。

玩几天 》

2~3 天

怎么去 》

搭乘 175、824 路公交车在石家大院站下车即可，石家大院与杨柳青年画博物馆在同一处，步行即可。从杨柳青年画博物馆去往精武门·中华武林园，以及玉佛禅寺须包车。

玩什么 〉

玉佛禅寺 ❶

🏠 天津市西青区辛口镇当城村津静公路
沿线
☎ 022-27995312

　　该寺前身为法藏寺，始建于周隋之间（约公元557—581年），毁于清末民初，近年来重建后更名为玉佛禅寺。

　　寺庙占地400亩，沿中轴线依次建有山门、天王殿、大雄宝殿、卧佛殿等，两侧为钟鼓楼、文殊、普贤、观音、地藏四大菩萨殿等建筑。在寺内供奉有缅甸玉佛近12 000尊，其玉佛数量高居世界之首。

意合堂会 ❷

🏠 杨柳青尊美街与青远路的交口（石家大院旁）
☎ 022-58652222、87932333
🕐 20：00-22：00

　　意合堂会占地 400 平方米，能容纳 180 人，演出内容精彩纷呈，艺术名家领衔助阵，相声、时调、快板等天津特有的曲艺形式以及杂技、功夫等民俗表演轮番登台，游客可以在这里体验津味民俗，了解天津故事。

如意街 ❹

　　如意大街占地 60 亩，保护修复了"杨柳青八大家"传统民居以及关帝庙、税局、水局、私塾等共 60 个院落、68 个门面、13 条胡同。景

石家大院 ❸

🏠 天津市西青区杨柳青镇估衣街 47 号
☎ 022-27391617
🕐 9：00-16：30

　　石家大院有"华北第一宅"之称，始建于 1875 年，至今已有 130 多年的历史。这座院落占地 7 200 余平方米，建筑面积 2 900 多平方米，60 米长的大甬道的两侧共有四合套式院落 12 个，所有院落都是正偏布局，四合套成，院中有院，院中跨院，院中套院。

区内设有吉祥画馆、孙家潭藏珍馆、珞颐轩、集贤会馆等主题展馆，汇集了淘宝大集，意合堂会演出，石府家宴私房菜等民俗体验，是一处集"民俗文化展示、美食购物、休闲娱乐"于一体的民俗旅游景区。

杨柳青年画博物馆 ❺

🏠 天津市西青区杨柳青镇估衣街 47 号
🕐 9：00-16：30

　　该博物馆位于石家大院内，馆内收藏大量的杨柳青木版年画的历代杰作，其中不乏书画师钱慧安、高桐轩等人的精品。

精武门·中华武林园 ❻

🏠 天津市西青区精武镇小南河村
🕐 8：30-17：00
☎ 022-87841118

　　2010 年，为纪念爱国武术家霍元甲先生逝世一百周年、精武会成立一百周年，在霍元甲的家乡修建了精武门·中华武林园纪念"爱国、修身、正义、助人"的精武宗旨，园区规划占地 3 880 亩，包括七大部分：精武主题组团、精武民俗文化组团、民俗文化组团、精武总部组团、精武研究教育组团、精武度假组团、生态居住组团等。

> 这条路线上只有三个景点，但都非常适合养生，第一个景点拥有优质的温泉，第二个景点则有新鲜的空气，第三个景点则非常有纪念意义。可以说，这条路线是在天津休闲度假的最好选择之一。

玩几天 〉

1~2天

怎么去 〉

这条线路上的三个景点都位于静海县团泊镇境内，步行游览即可。

光合谷旅游度假区 ❶

🏠 天津市静海县团泊镇新城东区光合谷旅游度假区
☎ 022-68110000
🔗 http://www.guanghegu.net

光合谷旅游度假区是一家集文化旅游、温泉酒店、生态湿地、有机种植于一体，独具特色的北方生态文化旅游胜地。度假区内设有温泉、酒店、会议、有机蔬菜、动物园、SPA、生态湿地、生态餐厅、真人CS、垂钓等娱乐项目，这里的温泉水质很好，富含偏硅酸、溴、硒、铁、钠、碘、氟、锂等几十种矿物质，对人身体有益。

团泊湖旅游度假区 ❷

🏠 天津市静海县团泊镇

团泊湖因乾隆皇帝曾来此巡游，又被称做"乾隆湖"，这里生态环境非常好，水波荡漾，芦苇丛生，候鸟翱翔，因此又有"华北明珠"的美誉。

该景区水面近60平方公里，景区内环境幽静，有天鹅、鸳鸯、白鹭等60余种珍禽候鸟在此栖息，是天津市鸟类自然保护区。

萨马兰奇纪念馆 ❸

　　萨马兰奇纪念馆坐落在中国天津市静海县团泊新城西区健康产业园，于 2013 年 4 月 21 日对外开放。纪念馆由国际奥委会执行委员、国际拳击总会主席吴经国先生创办，是世界唯一一座经萨马兰奇家族授权和国际奥委会批准的纪念萨马兰奇先生、弘扬奥林匹克精神的场馆。萨马兰奇纪念馆现为国际奥林匹克博物馆联盟正式成员，并已被列为国家 4A 级景区。

Part3 河北篇

周末
亲子 游

周末亲子游 1

从北京出发：北京—涿州—清西陵—白石山

周末亲子游 2

从天津出发：天津—唐山—山海关

周末亲子游 3

从石家庄出发：石家庄—邢台—邯郸

周末亲子游 4

从保定出发：保定—定州—阜平

周末亲子游 1 从北京出发：北京—涿州—清西陵—白石山

> 涿州位于北京西南部，是京畿的南大门，是一座历史悠久的城市，市内文物古迹众多。距离其不远，有大名鼎鼎的清西陵，这里，可以说是了解清王朝历史的最佳地点之一。看完人文景观之后，可以去领略自然风光，白石山就是最好的选择。

玩几天 〉

2 天

怎么去 〉

北京去往涿州的火车很多，大多为高铁、动车，出行方便。在涿州乘坐汽车到易县，这里有直达清西陵的班车。游览过清西陵之后，回到易县，乘班车到涞源，可游览白石山。

玩什么 〉

涿州影视基地 ❶

🏠 涿州市松林店镇

🚌 在涿州火车站下车，出站后乘坐 4 路公交车在影视城站下车即到

　　这里是亚洲最大的影视拍摄基地，总占地面积近 150 万平方米。基地于 1990 年开始建设，现建有唐代、汉代两大景区和反映唐代、明代、清代风格的竹园、桃园、梅园、梨园四处民居。这里有两座各 1 200 平方米的摄影棚，有一座大型道具制作间。

　　1992 年 9 月基地对外开放以来，先后有《唐明皇》《三国演义》《东周列国》《水浒传》《武则天》《西楚霸王》《苏武牧羊》《碧雪青天——杨家将》《神奇山谷》《汉刘邦》《乱世英雄吕不韦》等 140 多个影视剧组到基地，拍摄了 2 500 多部（集）节目。

三义宫 ❷

🏠 涿州市楼桑庙村
🚌 自驾车由京港澳高速公路涿州出口下高速南行8公里即到
🕐 8:30-18:00

　　三义宫始建于隋代，唐、辽、元、明、清各代均有修葺，距今已有1400多年的悠久历史。三义，指的就是刘备、关羽、张飞桃园三结义。其建筑形式采用了中国古代建筑对称式的特点，整座庙宇由三进院落组成，以主体建筑为中轴线，由外向里依次为山门、马神殿、关羽殿、张飞殿、正殿、少三义殿、退宫殿、五侯殿八部分组成。三义宫虽在河北、山东等省份的很多旅游景点内都能看得到，但历史上刘关张三人桃园结义的故事发生在涿州，所以这里才是真正的三义宫。不过令人遗憾的是，很多殿宇、塑像曾被破坏，现多为仿制品。

清西陵 ❸

🏠 易县城西 15 公里的永宁山下

🚌 在易县长途汽车站可乘 9 路公交车到泰陵及昌陵。其余的陵园需中途下车步行前往（大约 2～5 公里路程），车票 5 元。来清西陵游玩，在人多的情况下包车是很经济而且快捷的办法

🕐 8：00-18：00

　　全国重点文物保护单位清西陵，自雍正皇帝起，共有四位皇帝葬于此，有 14 座陵墓。清西陵是一片丘陵地带，周围群山环抱，树木葱茏，北枕峰峦叠翠的永宁山，南抵蜿蜒东逝的易水河，风景宜人。清西陵内有规模宏大、体系完整的古建筑群，有帝陵四座：泰陵（雍正皇帝）、昌陵（嘉庆皇帝）、慕陵（道光皇帝）、崇陵（光绪皇帝）；后陵三座：泰东陵、昌西陵、慕东陵；妃陵三座。此外，还有怀王陵、公主陵、阿哥陵、王爷陵等共 14 座，共葬有 4 位皇帝、9 位皇后、56 位妃嫔以及王公、公主等 76 人。

陵区最值得观赏的当属泰陵，其内有神道、明楼、宝顶。神道是由长方形的砖斜错铺就，站在平地上看，整个神道呈凸起的透视效果。如果换个角度，站在明楼上俯瞰便成为凹陷的效果。明楼上有乾隆为其父雍正亲题的碑文，用蒙、满、汉三种文字撰写。很多游览泰陵的人，往往忽略泰陵的三门白牌楼，其实这里才是泰陵建筑群西起的界限。

除了泰陵，昌陵也值得一看。因为它的地宫已经打开，这里的文物基本都已被转移，只能通过导游的讲述以及自己的想象构想当年皇家厚葬的种种情景。昌陵有一个回音壁，和天坛等地的并无差别。清西陵其他的陵寝大都类似，有兴趣的游客可以前去欣赏。

白石山国家地质公园 ❹

🏠 涞源县城阁院路
🚌 从涞源县城可乘车从东口直接到达景区，也可乘车从西口坐缆车上山
🕐 8：00-18：00

　　涞源白石山国家地质公园位于河北省涞源县境内，距北京240公里，距天津280公里。白石山海拔高，坡度陡，悬崖绝壁，人迹罕至。在漫长岁月中人们只能遥望它的高大，遥望它的云聚云散，却不能完全见到深山中隐藏的奇峰异景，以至"天生丽质，藏在深山无人识"。所以白石山基本保持了原始状态的未被人破坏的自然景观。

　　白石山下部为肉红色的花岗岩基座，中部为白色大理岩的围腰，上部为灰色塔形山峰，红、白、灰三色一体，景观独特。白石山主峰高2 096米，鬼见愁高2 057米，观日台高2 091米，峰多成丛、壁峭、形异。峰壁大都直上直下，有棱有角，陡直壁立，似刀削斧劈。山峰形态各异，有的峰上大下小，有的倾而不倒，有的状如叠块，有的深不可测。在花岗岩分布区又是一种景观，山体浑圆雄伟，怪石参天，千姿百态，妙趣横生。涞源夏季气温凉爽，空气清新自然，是理想的旅游避暑胜地。

住哪里 〉

富察农家院

🏠 易县清西陵之泰陵大红门五孔桥下西侧
📞 13833226415

这是一条很经典的夏日消暑亲子路线，从天津或北京出发都可以。唐山虽然距离两座直辖市很近，但海岸线却保持着优良的自然风貌。唐山去往山海关极其方便，在这座小城内可以看到雄伟壮观的'天下第一关'。

玩几天 〉

2天

怎么去 〉

天津到唐山，再到山海关，无论是坐火车或汽车都很方便。

玩什么 〉

抗震纪念馆 ❶

🏠 唐山市新华东道 102 号
🚌 公交 10、13、15、36、40、41、54、66、210 路等都可到达
☎ 0315-5265530

　　该馆坐落在唐山市中心抗震纪念碑广场西侧，总建筑面积 5 380 平方米。纪念馆建筑设计新颖别致，中间方厅耸立，周围圆厦环抱，屋面西高东低呈台阶状，向广场中心倾斜。馆内大厅正中矗立着江泽民同志的亲笔题词。该馆被省、市委命名为爱国主义教育基地，成为展示唐山的窗口和新唐山城市建设标志性建筑之一。

唐山湾国际旅游岛 ❷

🏠 位于唐山市东南部

　　唐山湾国际旅游岛由菩提岛、月岛、祥云岛以及北侧陆域构成，总规划面积 100 平方公里。

　　菩提岛景区总面积 5.07 平方公里，南北长 3 公里，东西宽 1 公里，是华北第一大岛。岛上有各种植物 260 多种，还有潮音寺和朝阳庵遗址等古迹。月岛总面积 11.96 平方公里，是我国北部海域最负盛名的生态旅游度假中心之一。祥云岛区域面积 22.73 平方公里，南北长约 13.5 公里，东西宽为 500～1 500 米，是我国最大的由河流和海汐冲积而成的细沙岛屿，拥有优良的天然海滨浴场。

　　浅水湾又叫新戴河，其浴场面积达 50 万平方米，是中国最大的海洋潮汐冲击而成的金沙宝岛，海岸线长约 26 494 米，小于 1.5 米水深的水域宽度约 500 米，海水能见度 3 米左右。岛上提供双人飞机、水上摩托艇、乘坐游艇观光、沙滩摩托、迷你蹦极、沙滩排球、沙滩足球、赛马等多种游乐项目。该岛年平均气温大多为 10.5℃左右，最热月（8 月）平均气温为 24.5℃～25℃；最冷月（1 月）平均气温为 4.5℃～5.1℃；秋季（10 月）平均气温为 13.5℃左右；春季（4 月）平均气温为 10℃。这里的海鲜也很便宜，不过来这里游玩一定要准备好防晒霜。

唐山曹妃甸湿地 ❸

🏠 唐山市曹妃甸区西部
☎ 0315-8711799

　　唐山曹妃甸湿地水域辽阔，空气清新，是河北省湿地和鸟类自然保护区，被国际湿地组织称为"开发潜力巨大、不可多得的湿地保护区"，湿地内野生动植物资源达1 200余种。

　　其规划总面积约120平方公里，总占地面积81万亩，主要包括曹妃湖、曹妃湖体育公园、渤海国际会议中心、曹妃甸湿地公园俱乐部、曹妃甸国际会所及湿地迷宫。一年四季，景致不同，各有千秋。

山海关 ❹

🏠 秦皇岛市区东部 15 公里处
🚌 搭乘 25 路公交车，在山海关站下车
🕐 8：30-17：00

山海关号称"天下第一关"，这里是明长城东起的第一座城楼要塞，古称榆关，也作渝关，又名临闾关，明朝洪武十四年（公元 1381 年），中山王徐达奉命修永平、界岭等关，在此创建山海关，因其北倚燕山，南连渤海，故得名山海关。游览山海关主要是参观东门镇远楼，也就是"天下第一关"。这座城门高约 13 米，分为上、下两层，造型美观大方，雄壮威严，登上城楼，一边是碧波荡漾的大海，一边是蜿蜒连绵的万里长城，令人豪气顿生。楼西面上层檐下，悬有"天下第一关"匾额，是明代书法家肖显所写，笔画遒劲雄厚，与城楼规制浑然一体。在山海关城楼附近，还建有长城博物馆，展出与山海关长城有关的人文历史、军事活动情况和文物等。山海关的城池，周长约 4 公里，城高 14 米，厚 7 米，全城有四座主要城门。城中有一潭碧绿的湖水，掩

映着远处拔地而起的山峰，湖中有石坊，石坊上朱红色的梁顶与清幽的湖水搭配得恰到好处。岸畔立着一排垂柳，柳枝随着清风悠扬地飘摇。在这样的城口关隘之中，想必这番景象多少能给人带来田园般的诗意与安详。山海关具有悠久的历史文化，在这里游客不仅可以领略山海关大气磅礴的雄伟风貌，还可以在此尽情地品尝地道的风味小吃，感受这里的风土人情。

住哪里 》

唐山锦江贵宾楼饭店

🏠 唐山市路北区建设南路 46 号（唐山饭店西行 100 米）
☎ 0315-2821611

帝森酒店

🏠 秦皇岛市山海关区老龙头路 284 号（近老龙头风景区）
☎ 0335-5184999

吃什么 》

唐山菜已有 200 多年历史。它在不断吸收、引进山东菜和宫廷菜的基础上博采各家之长，逐步发展起来。海参扒肘子、酱汁瓦块鱼、红烧裙边等特色菜肴味美色鲜。东陵糕点、蜂蜜麻糖、棋子烧饼、芦花鸡、万里香熏鸡等风味小吃更会让您赞不绝口。

> 邢台、邯郸都是我国著名的历史悠久的城市，几千年的历史沉淀，为这两座城市留下众多的神话传说、名人轶事、传奇故事！除此之外，邢台还有多变的自然风景，值得游览！

玩几天 〉

2~3天

怎么去 〉

石家庄去邢台乘坐火车很方便，只需半小时左右的车程。邢台到邯郸乘坐火车更快，只需一刻钟左右的车程。

玩什么 〉

邢台太行奇峡群 ❶

🏠 邢台县西南路罗镇贺家坪村
🚌 从邢台火车站搭乘 3 路公交车到邢西汽车站，乘坐去往贺家坪的班车

这里又被称为邢台大峡谷，景区游览面积 18 平方公里，由 24 条峡谷组成。太行奇峡群目前可游览的峡谷共 5 条，分别为长嘴峡、流水峡、黄巢峡、竹会峡和老人峡。太行奇峡群的主要景观有 50 多处，如神鹰石、龙潭飞瀑、白云人家等。

这里高山峻岭，连绵不绝的山脉横于天穹，气势恢宏。而谷内林荫幽深，常有溪流轻盈流淌，与高山的壁立千仞交相呼应，为景区平添了几分柔美之情。这里植被繁密，又有各种动物安逸地栖居于此，构成了天然和谐的生态画卷。

奇峡群的岩石大多是红色，在地质学上称作石英砂岩，这里 14 亿年前是一个浅海环境，红色石英砂沉积后，在高温、高压作用下形成这种岩层，后经燕山造山运动，山体形成褶皱，又经千万年的流水切割、侵蚀，形成今天奇峡群奇特的地势地貌。

崆山白云洞 ❷

🏠 邢台市临城县

🚌 景点邻 107 国道和京深高速公路，从市区有专车直达

邢台崆山白云洞是我国北方一处很有特色的岩溶洞穴，现已探明的有 4 个较大洞厅，总面积 4 000 平方米。四个洞厅景观各异，各有特色。第一洞厅宽敞宏大，有山有水，一片人间和平景象；第二洞厅垂帘悬幕，富丽堂皇，犹如天堂；第三洞厅怪石林立，阴森恐怖，颇似想象中的地府。第四洞厅树枝珠串、水潭密布，很像龙宫。洞内岩溶造型齐全，单位面积景观密集，风景形态瑰丽多彩，原始本底保存完好。整个封闭空间都充满了琳琅满目、色彩斑斓的石钟乳、石笋、石幔、石帘、石瀑布、石帘花等碳酸盐造型，其中网状卷曲的"节外生枝""线型石管"，形态绮丽的牛肺状"彩色石幔"，石帘、晶莹如珠的石葡萄、石珍珠等，在国内其他溶洞中是极其罕见的。洞内的拟人物拟景物多达 109 处。景观的体量大小不一，大体量的有石柱、石幕、石瀑布、石平台等。最大的石柱周长达 4.3 米，蔚为壮观。最大的石幕宽达 8 米，而最小的景观石针，直径仅有几毫米。

邯郸丛台公园 ❸

🏠 邯郸市面上中华大街头中段
🚌 乘坐 11、13、14、15、26、31 路公交车，在中华大街站下

　　丛台相传始建于战国赵武灵王时期（公元前 325—前 299 年），至今约有 2 000 多年的历史。它是由许多台阁组成，因此称之为"丛台"。这里曾是赵武灵王观看歌舞、检阅兵马操练的地方。整个丛台公园占地 24 万平方米，颇有气势。园内绿化非常好，湖光秀色，草木葱茏。庭院楼阁，舞榭歌台搭建得也非常有味道。

黄粱梦吕仙祠 ❹

🏠 邯郸市北 10 公里处的黄粱梦镇
🚌 乘坐 17 路公交车，在黄粱梦吕仙祠站下
🕐 8：30-17：00

　　这里就是著名成语"黄粱美梦"和毛泽东诗词中"一枕黄粱再现"的故事出处地。黄粱梦吕仙祠是依据唐代沈既济传奇小说《枕中记》而建。它始建于北宋初期，现为明清建筑风格的建筑群。景区中轴线上依次有钟离、吕祖、卢生三大殿，东西有光绪、慈禧两行宫，东院有"中国名梦馆"。其中"中国名梦馆"最有意思，这里把古往今来与梦沾边的故事传说都一一列举出来，如红楼梦、庄生梦蝶等，让人们知道原来梦文化与中国文明的渊源有着千丝万缕的联系。整个黄粱梦吕仙祠内建筑古朴雅致，很具文人气息。

邯郸响堂山 ⑤

🏠 邯郸市峰峰矿区的鼓山上
🕐 8:00-18:00

　　响堂山拥有历史悠久的石窟寺，这里因为回声清响所以被称为"响堂"。整个石窟由于岁月的侵蚀以及战争的破坏流失很多的文物，我们只能通过更多介绍来回想这里曾经的辉煌。北齐文宣帝高洋时期（529—559年），北齐先后在邺（今临漳）和晋阳（今太原）两地建都，文宣帝常常往来于两都之间，响堂山为必经之地。因为这里山清水秀，景色优美，文宣帝就在此地广建宫苑，凿窟建寺，这里也兴盛起来。以后历代都对此地进行过增扩和修葺，使之成为河北省规模最大、历史最为悠久的石窟。响堂山大佛洞创建于东魏末年，其主体工程完成于北齐，是响堂山最宏伟的洞窟。洞窟上方被凿成天窗，光线可以从此射入窟内，为整个洞窟平添了许多庄严与肃穆的视觉感受。窟内释迦牟尼像是整个响堂石窟中最大的一尊佛像，通座高5米。除了佛像外，这里还有很多的经刻以及题记等。

邯郸石刻博物馆 ⑥

这是以邯郸石刻文化为主题的博物馆，馆内珍藏着大名五礼记碑（俗称"五礼碑"），以及朱子太极石刻等经典石刻。五礼碑，因碑文所刻系宋徽宗所作《五礼新议》，故又称"御制大观五礼之记"碑。该碑刻立于唐开成五年（840 年），原为唐魏博节度使何进滔的德政碑，由柳公权撰写。北宋政和七年（1117 年），大名府尹梁子美在北京（今大名）立碑，因无碑石，毁唐何进滔德政碑，将其唐代碑文磨掉，改刻为"五礼记碑"，侧面仍残存柳公权字迹。朱子太极石刻，原碑书于南宋乾道丁亥年（1167 年），朱熹撰文书丹，蔡元定刻，行书擘窠字体，元仁宗延祐己未年（1319 年）废毁。明成化年间（1465—1487 年），大名府督学畿南按照南宋传下的"原碑"拓片重新翻刻"朱熹写经碑"，碑文摘录《易》里一段文字，所以又称为"朱熹太极石刻"。大名县石刻博物馆展览以邯郸石刻文化遗存为主题，以实物、图片、图表、拓片、文字、影像等为载体，以历史发展脉络为线索，系统反映了邯郸地区自北朝至宋代的石刻艺术。

住哪里 〉

金牛大酒店

⌂ 邢台市中兴西大街 193 号
☎ 0319-2098888

邯郸邯钢金鹏大厦商务酒店

⌂ 邯郸市丛台区和平路 82 号（火车站东行 200 米路北）
☎ 0310-3030888

吃什么 〉

对于游客来说，邢台的小吃是不错的选择。邢台既有太行山区的山珍野味，又有众多河流泉区的鱼虾水鲜。经过历代厨师的精心研制和不断创新，形成了邢台菜肴的"选料广泛、注重营养、酱香醇厚、咸鲜微酸、精于制汤"的烹饪特点。百年老店永盛魁创制的"内邱挂汁肉"充分体现了邢台本土菜肴的这一烹饪特点，这道菜在冀菜饮食文化展演大赛上被授予"河北名菜"称号。邢台道口烧鸡、邢台锅贴也都值得品尝。

> 保定是一座有着三千多年历史的历史文化名城，历史上有近三分之一的时间作为河北省省会。至今这座古城的周边还留存下许多历史遗迹、遗址，有的虽残破不堪，但却古味犹存，古风犹在。

玩几天 〉

2 天

怎么去 〉

保定到定州乘坐火车很方便，高铁只需 18 分钟的车程。定州与阜平有直达班车，约 3 小时车程，在阜平汽车站坐车即可。

玩什么 〉

直隶总督署 ❶

🏠 保定市裕华西路 99 号
🚌 市内乘坐 1、4 路等公交车，在古莲花池站下车，到马路北侧即到
🕐 8：00-17：30

古城保定的直隶总督署，是我国现存的唯一一座最完整的清代省级衙署。这座衙署启用于雍正七年（1729 年），直到清亡后废止，历经 182 年，曾经有 77 任官员留居于此。

"一座总督衙署，半部清史写照"。直隶总督权重位显，集军事、行政、盐务、河道及北洋大臣于一身，其权力已大大超过直隶省范围。因直隶地处京畿，拱卫京师，稍有动乱，便会危及朝廷，故历史上直隶总督一衔非重臣莫属。其府衙也严格按照清制修建，为典型的北方衙署建筑群式样，占地面积 3 万平方米，东西长 130 米，南北宽 220 余米，以两条南北向的甬道为界将建筑分割成中、东、西三路。主体建筑在中路，主要有大门、仪门、大堂、二堂、官邸、上房等。东西两路则为一组辅助性建筑，包括花厅、幕府院、内箭道、花园等，这些建筑均为硬山布瓦顶建筑，所有房舍都用青砖建成。

直隶总督府的建筑风格也很有特色，其柱采用黑色，其廊有彩绘，装饰豪华。整个直隶总督署给人的感觉更多的是浓厚的历史气息。在这个庭院幽静的建筑群落中游走，历史的辉煌灿烂与坎坷衰败仿佛都已被时间所磨平，它已经不再是封建集权的重要统治部门，没有了威严的暴戾之气，而只是那样一个悠然自得的院落，人们也乐此不疲地在此追寻历史的蛛丝马迹。当夕阳的斜晖透过茂密的古树斑驳地落在青灰色的房檐以及朱红的门楣之上时，我们所看到的是一个古朴、宁静的老宅和它那草木掩映的美丽庭院。

古莲花池 ❷

🏠 保定市裕华西路（直隶总督署东南侧）
🚌 市内乘坐 1、4 路等公交车，在古莲花池站下车，到马路北侧即到
🕐 8:00-17:30

保定的莲花池是有历史意义的，它是我国北方著名的古典园林之一。它的"古意"可追溯到公元 1227 年，初为私人园地，明代时辟为官府花园。清雍正、乾隆皇帝曾在此建莲花书院、筑亭台楼阁形成十二景，被誉为"城市蓬莱"。古莲花池总面积 2.4 万平方米，池水面积 7 900 余平方米，盛夏时节荷花满塘，故名"莲花池"。园内主要有水东楼、藻咏厅、响琴榭、寒绿轩及临漪亭、观澜亭等建筑。秀美的宛虹桥、曲桥和白玉桥，掩映在假山奇石、绿树荷塘之间，构成了一幅"湖中有景、景中含诗"的绝美画卷。这里不是简单的城市景点，是具有历史意义的北方园林。

定州窑遗址 ❸

🏠 保定城西南 60 公里处曲阳县涧滋村方公里

🚌 从定州乘发往曲阳的长途客车，下车后包车前往

定州窑因其曾属于定州辖下，故称定窑，现为中国重点文物保护单位。定窑以烧制白瓷为佳，在北宋时期所创烧的"覆烧"工艺对中国造瓷业产生重大而深远的影响。我们中学历史课本中所学到的"汝青定白"所说的"定白"就是指定州的白瓷，它还被选为宋代皇家宫廷贡品。如果想见识一下定州瓷器的风采，不用前去曲阳县。在定州市定州文庙的正门口附近，有一个民间开办的定瓷博物馆。里面有很多名品、神品（龙首净瓶、孩儿枕、梅瓶等）的现代仿制品，做工精细，色泽纯正，是了解定州瓷器文化的理想去处。

定州塔 ④

🏠 定州城内
🚌 城区步行即可到达

国内现存最高的砖木结构的塔——定州塔，被誉为"中华第一塔"，此塔于 1961 年 3 月 4 日被列为国家重点文物保护单位。定州塔建在开元寺内，故名"开元寺塔"，又名"开元宝塔"。据《定县志》记载，此塔为宋代所建。于宋真宗成平四年始建，前后共用了 55 年才建成。定州塔共 11 层，高 84.2 米，塔顶为铜铸六节葫芦，塔身为砖结构，结构紧凑。塔内回廊顶部，自上而下分别为砖雕大花、彩绘大花及拱式顶。回廊的砖壁上嵌的碑刻和名人题咏，是十分珍贵的历史资料。

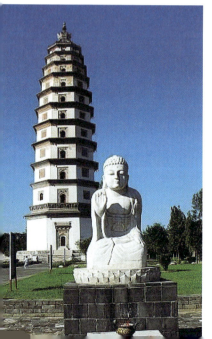

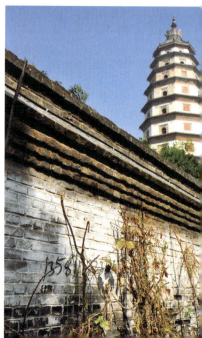

天生桥 ⑤

🏠 保定阜平县
🚌 在阜平县坐小巴车可达

　　阜平天生桥国家地质公园位于太行山东麓，总面积50平方公里，植被覆盖率达95%以上，是国家级森林公园，享有"五台东门户，京津西花园。华北古基石，绿水济平川"的盛名。清代康熙、乾隆皇帝曾多次经此地到五台山，后人称之为"古御道"。在附近游玩，可以品尝地道的小吃。有香脆可口的烧饼、鲜嫩爽口的豆腐、香而不腻的猪肘子等，如有雅兴再来上二两阜平本地产的枣酒、枣茶或酸枣汁，或许会让你胃口大开。

住哪里 〉

嘉美商务宾馆

🏠 定州市清风南街财政局对面
☎ 0312-2311111

阜平君悦国际酒店

🏠 保定市阜平县中兴街99号
☎ 0312-7868888

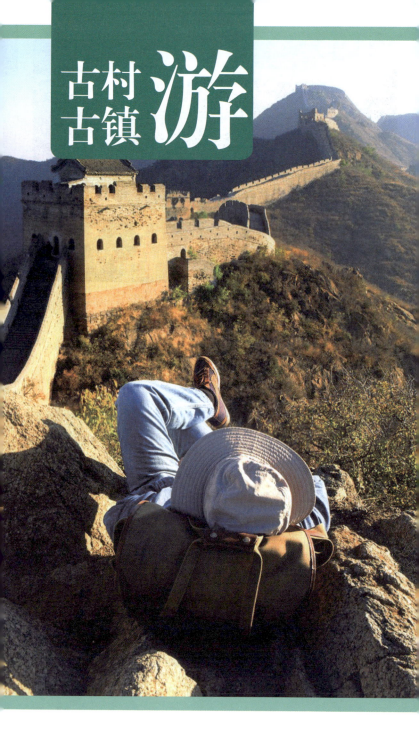

古村
古镇 游

古村古镇游1

从北京出发：北京—古北口镇—滦平金山岭长城—承德避暑山庄

古村古镇游2

从北京出发：北京—怀来鸡鸣驿—宣化古城—张家口堡子里—大境门—蔚县古城—暖泉古镇—蔚县飞狐峪空中草原

古村古镇游3

从天津出发：天津—杨柳青镇—胜芳古镇—白洋淀

古村古镇游4

从保定出发：保定—阜平—西柏坡—井陉

古村古镇游5

从邢台出发：邢台—天河山—古武当山—朝阳沟—涉县娲皇宫—邯郸

古村古镇游 **1** 从北京出发：北京—古北口镇—滦平金山岭长城—承德避暑山庄

河北
承德避暑山庄
古北口镇
滦平金山岭长城
北京
北京
天津

> 这是一条北京著名的周边游路线，一路上可以饱览古镇、古迹、古建筑这样充满历史感的景点，也可以徒步金山岭长城，做一次简短的穿越之旅。

玩几天 》

2~3天

怎么去 》

北京四惠客运站有直达古北口镇的班车，古北口镇到金山岭长城可以选择徒步，这条路线是很不错的京郊徒步路线，全程约13公里。从金山岭包车到京承公路口，可以在此等北京到承德的中巴车。

玩什么 〉

古北口长城 ❶

🏠 北京市密云县古北口镇
🚌 东直门或西直门乘坐前往滦平、承德的汽车，在古北口下

主要由卧虎山长城、蟠龙山长城和司马台长城几段组成，望京楼为该段长城的最高点，海拔986米。在北齐天保六年（555年）修筑的一道自西河起（今陕西榆林河）至山海关共1500余千米的长城中，这里是重点设防的关口。金、元两代曾对此关口增建。明洪武十一年（1378年）起这里加修关城、大小关口和烽火台等关塞设施，并增修门关两道，一门设于潮河上，称"水门关"；一门设于长城关口处，称"铁门关"，仅容一骑一车通过。隆庆元年（1567年）戚继光、谭纶开始对自山海关到居庸关的长城进行大规模改建，古北口长城得到修建。1933年古北口抗战在此进行，360余名阵亡将士的遗体被合葬于古北口长城脚下，建有古北口阵亡将士墓。

滦平金山岭长城 ❷

🏠 承德滦平县巴克什营镇花楼沟村
🚌 乘火车到古北口后转当地的旅游车（在火车站购旅游景点门票后可免费乘火车）
🕐 8：00-17：00

金山岭长城东面是雾灵山，西面是卧虎岭，南通京都，北达坝上，是进出塞内外的咽喉要道，也是历史上兵家必争之地。金山岭长城东起望京楼，西至龙峪口，全长10.5公里。隆庆元年（1567年）由明代爱国名将戚继光主持修建。它因所处位置地势平缓，易攻难守，加之其修造较晚，营造者可以充分借鉴以往历代长城修建的经验，因此在提高总体防御能力方面有许多独到之处，最终组成了一道城关相连、敌楼相望、重城护卫、射界交叉、烽火报警的防御体系，有许多军事设施即使在万里长城也罕见。况且它不仅防御严谨，从建造艺术上来看，亦别具风格，仅敌台的建造形式就有方楼、圆楼、扁楼、拐角楼，箭窗楼也分为三孔楼、四孔楼、五孔楼不等。金山岭长城堪称我国万里长城的精粹，"文字砖、障墙、挡马墙、麒麟影壁" 堪称长城四绝，比起闻名中外的八达岭，有过之而无不及。1992年11月15日，亚洲著名"飞人"柯受良驾驶摩托车的成功飞越，更使它蜚声海内外。

承德避暑山庄 ❸

🏠 承德市丽正门路 20 号
🚍 在承德火车站下车后，乘 5 路公交车，在避暑山庄站下车
🕐 8：00-17：30

　　避暑山庄可谓无人不知的景点。这个清朝皇帝的避暑胜地，确实是个休闲的好去处。和故宫相比，这里少了几分威严和肃穆，而多了几分亲切与祥和。避暑山庄山清水秀，庭院楼阁、舞榭歌台都颇有几分江南水乡的意蕴。山庄中的沧浪屿完全是按照江南园林的格局修建的。这里最有特色的是，山庄之中还散养着800余只鹿，更为其增添了野趣。淡雅庄重的宫殿与如诗如画的自然景观和谐共融，达到了回归大自然、返璞归真的境界。

外八庙 ❹

🚌 在承德火车站下车后，乘5路公交车，在避暑山庄站下车
🕐 8：00-17：30

　　避暑山庄之外，众星捧月般地点缀着雄伟的寺庙群，其中有八座具有代表性的寺院，被称作"外八庙"。这八座寺院中比较有特色的是普陀宗乘之庙，因为是仿造拉萨布达拉宫的样式而修建的，所以有小布达拉宫之称。普宁寺则因寺内有一座国内最大的木制千手千眼观音像而在当地被称为"大佛寺"。须弥福寿之庙是为当年六世班禅朝贺乾隆70岁生日之际，乾隆仿班禅在西藏日喀则扎什伦布寺的规制，为之建造的行宫。普乐寺是中原内地建筑与藏式建筑结合的产物，前寺为藏式寺庙建筑风格，后寺供奉欢喜佛的殿宇完全是天坛祈年殿的样式。整个外八庙的庙宇金碧辉煌，宏伟壮观，如果时间充裕，其中很多建筑特色可以仔细观赏。

住哪里 〉

马台宏鑫缘民俗客栈

🏠 密云县古北口镇马司台村小铃 10-2
☎ 15910421512

金山岭长城崔家小院

🏠 金山岭长城脚下第一村第一户
☎ 0314-8830359

承德丽正门宾馆

🏠 承德市双桥区丽正门大街 3-1 号
☎ 0314-2021800

绮望楼宾馆

🏠 承德避暑山庄内碧峰门东路北 1 号
☎ 0314-2182288

> 这条路线在摄影的圈子里可谓极其著名，无论是原汁原味的古城古镇，还是景色宜人的草原，还是有'打树花'民俗的暖泉镇都备受推崇。可以说，一年四季，何时来，这里都有看点。

玩几天 〉

3~5天

怎么去 〉

从北京乘坐火车到达宣化，然后再包车前往鸡鸣驿。宣化去张家口很方便，乘坐火车只需约半小时的车程。张家口到蔚县，蔚县到暖泉都可乘坐汽车，交通方便。

玩什么 〉

怀来鸡鸣驿 ❶

🏠 张家口市怀来县
☎ 0313-6814748

　　鸡鸣驿位于鸡鸣山东南脚下，其于明成化八年（1472年），站建土垣，隆庆四年（1570年），砖修城池。鸡鸣驿在明清两代，是一座古驿站，为京西北联络各地官方文书的重要枢纽。如今，鸡鸣驿是中国迄今为止发现的保存最完整、建筑规模最大、功能最齐全、最富有特色的邮驿建筑群。

宣化古城 ❷

　　宣化古城是京城以西第一座府城，始建于唐代，清康熙三十二年（1693年），改置宣化府，取"宣扬教化"之意，宣化由此得名。如今，宣化古城内有清远楼、镇朔楼、辽墓壁画、拱极楼、察哈尔省民主政府旧址、五龙壁砖雕、旧城垣、时恩寺以及辽代壁画墓群二区等建筑。

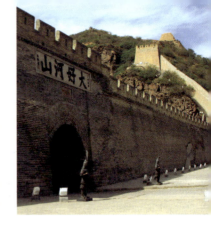

张家口堡子里 ❸

🏠 张家口市桥西区
🚌 市区打车即到

　　堡（当地读 bǔ）子里，是张家口堡的俗称。张家口堡是张家口市区最早的城堡，张家口市区的"原点"与"根"。据史籍记载，堡子里建于明宣德年间，至今已经有近 600 年的历史。据张家口市桥西区普查，堡子里现存文物古迹 700 余处，其中极具价值的重点院落 93 处，是全国大中城市中保存最为完整的明清建筑城堡之一，堪称"北方民居博物馆"。

大境门 ❹

🏠 张家口市明德北街
🚌 市内乘坐 16 路公交车在大境门站下车

　　大境门是指这里是边境之门。"关"字与"门"字在文化上的含义截然不同，"门"字有开放迎客的味道在其中，而"关"字则多是"一夫当关，万夫莫开"的态度。大境门这段长城始建于明成化二十一年（1485 年），是在北魏和北齐长城的基础上修建的，距今已有 500 多年的历史。清顺治元年（1644 年）在这段长城开豁建门，名曰"大境门"。大境门墙高 12 米，底长 13 米，宽 9 米。券洞外侧高 5.4 米，宽 6 米；内侧高 9.5 米，宽 6.8 米，是一座以条石为基础的砖筑拱门。门楣上的用颜体书写的四个大字"大好河山"，出自察哈尔都统高维岳之手，写于 1927 年。登上大境门，可以一览张家口的城市风貌。

蔚州古城 ❺

🏠 蔚县城内
🚌 张家口乘交通车到达蔚县

蔚州古城位于壶流河南岸平台地上。据《蔚州志》记载，蔚州古城周七里十三步，城墙高三丈五尺，城门楼三座，角楼四座，三级敌楼二十四座，垛口一千一百余。

蔚州古城，东门为安定门，楼为景阳楼；南门为景仙门，楼为万山楼；西门为清远门，楼为广运楼。三门外均建有高大雄壮的瓮城。隔护城河吊桥与内城相连，城外为三丈余深，七丈余宽的护城河。蔚州城为不规则形，南面宽阔，北面狭小，东、西两面多弯不平直。城内只建东、西、南三门，没有北门，而在北城垣上修筑玉皇阁。城内以东西南北四大街为主干线，形成以文昌阁（鼓楼）与南门（万山楼）对称，南北大街为中轴的建筑格局。

目前蔚州古城的南、东城墙已全部拆毁。剩余保存较好的是北城墙和西城墙的北段，长约1 600米。东、西城门已毁，仅存南门。万山楼和城内文昌阁在1997年重建。护城河东、西、南三面基本存在，三门外的石桥仍存。

暖泉古镇 ⑥

🏠 暖泉镇位于河北蔚县境内西部

也许说暖泉镇，你未必知道，但说起打树花来，肯定人人皆知，那铁水纷飞的树花，就出自暖泉镇。暖泉镇因有一年四季水温如一的泉水而名"暖泉"。暖泉镇历史悠久，以泉水、集市、古建筑及民俗文化而闻名。有关考古资料证明，至少在战国时期就已有人类在此定居生活、繁衍生息。据史料记载，此地在尧、舜时期属冀州，商周时属代国，战国时期为赵、秦等国角逐争战之地，唐宋时期是汉与少数民族争夺之地。明清时发展为"三堡、六巷、十八庄"，达到小镇历史上的辉煌时期，先民在小小的暖泉镇连修北官堡、西古堡、中小堡三个城堡，足见此镇人居和军事防御的双重地位。

蔚县飞狐峪空中草原 ❼

🏠 张家口蔚县

空中草原，属高山草甸，海拔2 158米，因其高峻平坦而名"空中草原"。南部怪石林立、悬崖蜿蜒，中部是36平方公里一望无际的大草原，北部是8 000亩森林。甸下峰峦叠嶂，甸上一望无垠。这里花草交织，绿茵如毯，白云飞渡，天地相连，置身其中更让人觉得恍若天堂，美不可言。景区接待中心设有飞狐饭店、啤酒广场、宾馆、餐饮楼等设施；另外，还有民俗表演、歌舞娱乐、篝火晚会、鞭炮燃放等娱乐活动。这里还可以露营，是个接触大自然的好地方。

住哪里 〉

张家口世纪王朝酒店

🏠 宣化区中山大街10号
☎ 0313-3582222

蔚县锦秀园宾馆

🏠 蔚县蔚州镇前进路老君观中国剪纸第一街
☎ 0313-7213995

瑞祥农家院

🏠 暖泉镇树花广场西10米
☎ 15931325252

吃什么 〉

蔚县"八大碗"

"八大碗"包括"丝子杂烩""炒肉""酥蒸肉""虎皮丸子""浑煎鸡""块子杂烩""清蒸丸子"和"银丝肚"。前五碗属于浑汤菜，后三碗属于清汤菜。"八大碗"在当地被视为特别讲究的名肴。

古村古镇游 3 从天津出发：天津—杨柳青镇—胜芳古镇—白洋淀

> 在天津这座直辖市的周边也有历史悠久、小桥流水的古镇，周末时节，可以来到这里探访，体会厚重的天津卫文化。之后可以到我国海河平原上最大的湖泊白洋淀游览一番。

玩几天 〉

2天

怎么去 〉

在天津市内乘坐 669 路公交车可直达石家大院。杨柳青镇有直达霸州的班车，乘坐该车可到胜芳古镇。

玩什么 〉

杨柳青庄园 ❶

🏠 天津市西青区杨柳青镇北津同公路 20
公里处
☎ 022-27921666
🕘 9：00-17：00

　　杨柳青庄园位于杨柳青镇北
部，园区占地近 800 亩，绿化覆盖
率 90%，水域近百亩，是天津著名的"天
然氧吧、万亩果园"。庄园内小桥流
水、沙滩丛林，并拥有很多水上娱乐
设施，还可以来此烧烤野炊。石家大
院也是不错的游览地点。

胜芳古镇 ❷

🏠 河北省廊坊市霸州市以东 35 公里
🚌 在廊坊客运站乘坐去往胜芳镇的车即可

　　胜芳古镇是河北一处著名的水
乡，是由一座古老的小渔村发展起
来的，清代前期已十分繁荣，有"南
有苏杭，北有胜芳"之称。在这座
古镇内有两项国家级非物质文化遗
产保护项目，分别是胜芳南音乐会
和胜芳灯会。

石家大院 ③

🏠 天津市西青区杨柳青镇估衣街 47 号
☎ 022-27391617
🕐 9:00-16:30

　　石家大院有"华北第一宅"之称，始建于1875年，至今已有130多年的历史。这座院落占地7 200余平方米，建筑面积2 900多平方米，60米长的大甬道的两侧共有四合套式院落12座，所有院落都是正偏布局，四合套成，院中有院，院中跨院，院中套院。来到石家大院才能真正体会到当时大户人家的建筑文化与生活情调。这里庞大的院落群井然有序，并有花园、戏楼等文化消遣的场所。整个院落群一梁一瓦，草木亭台无不精工细作，诠释出主人的文化修养与审美趣味。大院的建筑颇具北方宅院的风格，讲究庄重、沉稳，注重格局的对称，并具有很强的尊卑分序。初看上去却有些显得死板，不过当你游走于院落之中，驻足去仔细欣赏那些细节上的设计时，你会发现这座看似守旧的房屋院落其实到处充满了诗意与浪漫情怀。大院中的院落颇有江南神韵，水池、太湖石、角亭、竹丛、回廊搭配得清新婉约，充满灵动之气。而房屋的屋檐及廊柱都有精心设计的砖雕装饰，常能看到"福寿双全""岁寒三友""莲荷""万福"等图案，雕刻得精美绝伦。石家大院中最为有名的便是它的戏楼，坐于其中耳畔仿佛回荡起当年热闹的乐音，西皮流水，南昆秦腔漫过了时间的沟壑交织于眼前，如梦如幻。石家大院内还有砖雕展，展示大院中那些巧夺天工的砖雕工艺，这也是不容错过的。

白洋淀 ❹

🏠 河北省保定市安新县境内
🕐 8：00-18：00

　　白洋淀面积 366 平方公里，是华北平原最大的淡水湖。水产资源丰富，淡水鱼有 50 多种，白洋淀由堤防围护，淀内壕沟纵横，河淀相通，田园交错，水村掩映。水泊与荷花是其标志，所以它最佳的旅游季节为七八月份，其他时间河畔只有芦苇和水草可赏。白洋淀以自然风景取胜，那一份荡漾在水面之上的惬意，以及河水夹杂着荷花的扑鼻香气使人忘却了尘嚣的喧哗和浮躁。来白洋淀推荐租条农家船可在各处的水面上慢慢闲逛，去体验水乡的闲趣，幸运的话，可以看到鸬鹚捕鱼的场景。白洋淀也有如嘎子纪念馆、异国风情园这样的知名景点。

　　白洋淀盛产河鱼，味道鲜美。但在白洋淀的餐厅吃鱼，大都很贵，新鲜的河鱼，只需用本地的水来烹煮，就已鲜美可口，所以农家院所做的和大餐厅的同样好吃。

住哪里 〉

日昇源客栈

🏠 天津市西青区杨柳青御河人家（石家大院旁）
☎ 022-27945666

> 有着悠久历史的保定，其周围自然少不了古村落、古建筑等。在阜平有藏在深闺人未识的石佛堂，往南有革命圣地西柏坡，继续往南就是大名鼎鼎的井陉，这是一个在我国军事史上留下一笔辉煌的地方。

玩几天 〉

2~3天

怎么去 〉

在保定客运中心站有直达阜平的班车。从阜平坐车先到达石家庄，再换车区西柏坡和井陉。

玩什么 〉

阜平石佛堂 ❶

🏠 阜平县城南 10 公里的苍山村西侧

石佛堂是河北省八大名窟之一，虽建于唐代，但石窟中的石刻和泥塑均为明清遗物。石佛堂由八处石窟组成，从南到北依次为"千佛堂""石佛堂""观音堂""十二菩提堂""三教堂""五龙圣母堂""全神堂""罗汉堂"。第一窟门东、西、北三面靠壁设，泥塑、壁画均被毁；第二窟的东、北、西三壁刻有浮雕像；第三窟的窟内壁石刻均已毁坏；第四窟的窟壁雕刻、泥塑无存；第五窟的壁画保存完好；第六窟、第七窟、第八窟内的石刻、泥塑均已损。

西柏坡 ❷

🏠 石家庄市西柏坡纪念馆
🚌 石家庄汽车北站有去往西柏坡的长途汽车
🕐 8：00-16：30

西柏坡是我国"三大革命摇篮之一"，这里曾经是中共中央所在地。1948 年，党中央、毛主席移驻西柏坡，在这里指挥了震惊中外的辽沈、淮海、平津"三大战役"，召开了具有历史转折意义的七届二中全会。因此，西柏坡有"新中国从这里走来"、"中国命运定于此村"的美誉，并成为我国革命圣地之一。

如今，西柏坡是我国著名的红色旅游地之一，有西柏坡中共中央旧址、西柏坡陈列馆、西柏坡石刻园、西柏坡纪念碑、五位领导人铜铸像、西柏坡青少年文明园、国家安全教育展览馆等景点。

井陉 ❸

🏠 河北省石家庄市井陉县
🚌 石家庄客运站有直达井陉的班车

井陉历史悠久，地理位置极其特殊，历来为兵家必争之地，有"太行八陉之第五陉，天下九塞之第六塞"之称。境内有苍岩山福庆寺、公主祠、杨庄口拦河长城等旅游景点。

于家村

于家村环境优雅、隐蔽安静，有"不到村口不见村"之说，于家人500年来就地取材，开山凿石，修梯田、盖房屋、雕石器、修街道，营造了一个罕见的石头王国古村落。古村落较为完整地保留了明清时期的石街石巷、石楼石阁、石房石院、石桌石凳等石制品以及许多的奇石怪石、景石雅石。2012年被评为省级非物质文化遗产保护项目。

大梁江村

村口一株1300多年的古槐树，左侧就是进入大梁江古村落的入口。大梁江共有上街、下街、中街三条街道、十条巷子，全部用青石和卵石铺成。沿着曲折幽深的青石古道漫步而入，随处可见制作精美的石雕、门楼以及保存完整的明清古院落。大梁江现有保存完整的明清时期古民居建筑162座，这些院落兼有北京四合院和山西民居的双重特色，可谓"晋冀合璧，巧采京华"。大梁江村传统节日习俗非常丰富，最具有当地特色的习俗当属二月二"围房子"和正月十六开锁。

> 这条路线上的景点都分布在邢台和邯郸的周边,景点之间交通虽有不便,但对于天河山、古武当山、朝阳沟这三处自然景点来说,可根据时间、体力、兴趣选择前往。娲皇宫是河北重要的人文古迹之一,值得欣赏。

玩几天 〉

2~3天

怎么去 〉

邢台去往邯郸无论乘坐火车还是汽车都很方便。在邢台市区分别有去往天河山、古武当山、朝阳沟的公交车。邯郸去往娲皇宫可先乘车到涉县,在乘坐出租车前往。

玩什么 〉

天河山 ❶

🏠 邢台县白岸乡清泉村

天河山位于晋冀交界的太行山深处，距邢台市65公里，交通便利。景区主峰天河梁海拔1780米，这里山势突兀，奇峰林立，峡谷幽峻，一年四季群瀑飞流，清泉鸣筝。这里植被丰茂，生态奇好，总面积20余平方公里。这里文化底蕴丰厚，早在新石器时代，天河山就有人类居住，春秋时期孔子曾到此游学，"夫子岩"因此得名，这里广泛流传牛郎织女的故事并拥有大量的文化遗存，经多位专家考证，这里就是牛郎织女故事的原生地，并且经注册，这里成为中国唯一的爱情山。抗日战争时期，这里是八路军主要根据地之一，129师医院、冀南银行（中国人民银行前身）等革命遗址，至今保存完好。

英谈村 ❷

🏠 邢台市邢台县西部太行山深山区

　　英谈村民居建筑依山就势，高低错落，具有典型的古太行建筑风格，是华北目前发现保存最完好的石寨。民居多为明清时所遗存，寨墙和四门，是英谈最精华地方。英谈村靠山而居，依形营造，错落有序，层层叠叠看古寨，山寨如同在画中，所以有人说这里是世外桃源。这种用石头建成的山寨，在国内很为少见，2007 年英谈村被国家授予"中国历史文化名村"称号。

赤岸村 ❸

🏠 邯郸市涉县北、西部山区的漳河谷地清漳河畔南岸

　　现存赤岸村是以明末清初院落为主的保存完整的山区古村落。院落依山而建，错落有致，方圆整齐，布局十分严谨。门楼飞檐斗拱客仿画栋，许多门楼以雕刻、彩绘装饰，房屋建筑多为毛石砌筑、砖木结构、硬山小式布瓦顶建筑，典型的太行山两层阁楼四合院风格，冬暖夏凉，宜人居住。村内现有王家大院、孙家大院、李家大院等保存完好的古民居。村内最古老的物质遗存以寺庙为主，自古保留至今的有观音庙、关帝庙、龙王庙等。赤岸村非物质文化遗产丰富，如社火、转九曲等为民间风俗活动，多在冬闲和春节举办。

广府古城 ❹

🏠 河北省邯郸市永年县广府镇

🚌 邯郸火车站坐 605 到古城东门

广府古城建于元明清时期，古城墙保存完好，常被称为被遗忘的神秘古城，早在春秋时期就有记载。广府古城四门筑有城楼，四角建有角楼，非常特别的是在四门之外尚建有瓮城，地道的关防深锁，固若金汤。古城现存两瓮城、六城门，东有阳和门，西有保和门，南称阳明门，北为贞元门，城外有护城河和永年洼环绕。这里还是杨式、武式太极拳的发祥地。

古武当山 ❺

🏠 武安市西北的太行山深处

🕐 8：00-18：00

此山山顶有一唐代古碑上记载有"古武当山"字样，经专家考证认定此地为国内道教界寻找的著名的北方武当山，其历史早于国内其他武当山。主峰金顶，海拔 1 438 米，分为上、中、下三个院落，建有真武大帝殿等众多古建筑群以及历代重修功德碑 38 尊。主峰海拔 1 437.7 米，真武庙建在山顶处，庙内供着道教大神真武大帝和太极宗师张三丰。古武当山的北

朝阳沟 ⑥

🏠 武安管陶乡朝阳沟村
🚌 从邯郸长途汽车站（北候车厅）乘坐前往武安的长途汽车，下车后打车即可到达
🕐 全天

这里是豫剧电影《朝阳沟》的拍摄地。朝阳沟地处东太行山腹地，拥有独特的地质景观，悬崖绝壁，植被覆盖率高到98%。朝阳沟地处深山，海拔较高，主峰马峰岩海拔1776米，春天的朝阳沟桃花满山，杏花满坡；盛夏时纷飞蝶舞，流水潺潺。秋天的朝阳沟，浓绿的松树，累累的果实，满山的红叶，让人流连忘返；冬天冰封雪飘、银装素裹，树枝和野草上接满了冰挂，在阳光下晶莹剔透，顺沟而下的冰瀑更使人仿佛进入了童话世界。

顶为"老爷顶"，南顶为"奶奶顶"，中间有一天桥连接。当你置身山顶，极目远望，犹如入仙境。四周山形千姿百态，处处显现着大自然的灵气。著名的景点有"阳山奇观""大鹏展翅""神猴献瑞""毛公峰""鲁迅峰""太极掌"等，鬼斧神工，惟妙惟肖。下庙的药王庙、碧霞丹君庙、真武庙，无不体现着武当道教和太极养生文化。

涉县娲皇宫 ❼

🏠 涉县索堡镇
🚌 从邯郸长途汽车站乘前往涉县的长途客车，下车后打车前往
🕐 8：00-17：00

　　这里就是古代传说中女娲娘娘炼石补天的地方。娲皇宫建在半山之间，是悬空式建筑。宫殿的主体殿堂高三层，皆用木料搭建。宫殿背山一面有九条铁链与山崖紧紧相连，颇有气势。邯郸的空气质量不高，如果偶遇万丈晴天，可以从山上清楚地俯瞰整个涉县。这里是我国现有摩崖刻经中时代最早、字数最多的一处，也是我国佛教发展史上，特别是佛教早期典籍中弥足珍贵的资料，对于研究我国早期佛教地域、流派及书法镌刻演变历史有着重大意义和价值。主体建筑娲皇阁共分四层，通高23米，拥群峰以渲势，依悬崖以据险，夺天工以称奇，临清漳以蕴秀，涵摄了山川之钟秀，汇集了古建之精华，玉宇悬空，琼楼耸翠，上临危岩，下瞰深壑，为河北省古建筑十大奇观之一，素有"活楼""吊庙"之美称。

邯郸丛台公园 ❽

🏠 邯郸市面上中华大街头中段
🚌 乘坐 11、13、14、15、26、31 路公交车，在中华大街站下

　　来到邯郸，不得不去丛台公园游览一番。这个围绕始建于战国赵武灵王时期的丛台而建成的丛台公园，充满了浓厚的人文历史气息，是邯郸 2 000 多年建城历史的见证。

　　而今的丛台，掩映于葱茏的草木之中，绿水环绕，能让人在喧嚣的闹市中找到一份属于大自然的宁静。这是一处城市与自然完美结合的生态公园。

住哪里 〉

辰光商务酒店

🏠 邢台市中兴东大街 468 号（历史文化公园对面）
☎ 0319-3130666

邢台假日嘉年华商务快捷酒店

🏠 邢台市桥东区新兴东大街 1 号（车站南路与新兴东大街交会口）
☎ 0319-5711888

邯郸邯钢金鹏大厦商务酒店

🏠 邯郸市丛台区和平路 82 号（火车站东行 200 米路北）
☎ 0310-3030888

金源商务酒店

🏠 邯郸市人民路 219 号金世纪商务酒店（新世纪东侧）
☎ 0310-3289999

吃什么 〉

二毛烧鸡

　　风味独特，味道咸鲜醇香，回味悠长。周总理品尝后曾赞不绝口。"二毛烧鸡"在邯郸大名县、各个摊铺上都有销售。

红色主题游 **1**

从北京出发： 北京—卢沟桥（中国人民抗日战争纪念馆）—易县狼牙山—保定市（留法勤工俭学运动纪念馆）—冉庄地道战遗址

红色主题游 **2**

从天津出发： 天津—周恩来邓颖超纪念馆—唐山地震遗址公园—唐山开滦矿山博物馆—滦州古城—乐亭李大钊故居和纪念馆

红色主题游 **3**

从石家庄出发： 石家庄市华北军区烈士陵园—西柏坡—保定阜平晋察冀军区司令部旧址—唐县白求恩柯棣华纪念馆

红色主题游 **4**

从石家庄出发： 石家庄—邢台中国人民抗日军政大学陈列馆—邯郸晋冀鲁豫烈士陵园—涉县129师司令部旧址—娲皇宫

> 这是一条很经典、很有说服力的红色旅游路线，先在纪念馆中看过陈列之后，再去遗址和现场感受实地实景的震撼。用两种不同场景所带来的不同震撼，让游客对老一辈先烈有了深刻认识！

玩几天 》

2天

怎么去 》

北京去保定坐火车或汽车都很方便，保定客运中心有直达冉庄地道战遗址的班车。从冉庄地道战遗址回到保定后，在保定客运中心坐车，可直达狼牙山。

玩什么 〉

中国人民抗日战争纪念馆 ❶

🏠 卢沟桥城内街 101 号
📞 010-83892355
🕘 9：00-16：30（周一闭馆，法定节假日、重要抗战纪念日照常开放）

　　该馆坐落在"七七事变"发生地——卢沟桥旁原宛平县城内，1987年落成。纪念馆共有文物5 000件、照片和资料3 800件，由综合馆、专题馆（日军暴行、抗日英烈、人民战争）和1个半景画馆组成。综合馆展示全国抗日战争的全过程；日军暴行专题展示日本侵略者的滔天罪行，其中有"七三一"细菌部队和南京大屠杀的现场复原陈列；人民战争专题馆展示了波澜壮阔的全民族抗日救亡运动和浴血奋战场景，其中有平型关、台儿庄、百团大战等著名战役的介绍；抗日英烈馆展示著名抗日英雄杨靖宇、左权、赵一曼、张自忠、赵登禹、佟麟阁等人的英雄事迹；半景画馆采用声光电等现代手段，形象生动地再现了"七七事变"的战场。

易县狼牙山 ❷

🏠 保定易县狼牙山镇
🚌 河北易县长途汽车站有直达狼牙山的长途客车
🕐 7：00-17：00

　　1941 年 9 月 25 日，5 位八路军战士为掩护部队机关和当地群众转移，将日伪军引上棋盘坨下的牛壶峰顶，这里三面绝壁，异常险要。在弹尽粮绝无路可退的情况下，五名战士摔烂枪支纵身跳下悬崖壮烈殉国。"青山有幸埋忠骨"，狼牙山也因"五壮士"之后被人熟知，但除此之外它还是个很好的旅游地。这里草木成荫，山路蜿蜒。徒步而上，看着远处的山峦跌宕起伏，间或有瀑布奔流而下，非常壮观。值得推荐的是半山腰的红玛瑙溶洞，这里是我国首次发现的红玛瑙质构成的自然景观，其形成距今已有约 16 亿年。

保定市（留法勤工俭学运动纪念馆）❸

🏠 保定市金台驿街

　　留法勤工俭学运动纪念馆是一所历史专题类博物馆，位于原保定育德中学旧址，全馆共占地 2 400 平方米，建筑面积 870 平方米。

　　该博物馆是一座典型的清末时期砖木结构的四合院，大门即原保定育德中学大门，门楣上挂着一方匾额，上面写着"留法勤工俭学运动纪念馆"几个大字。园内原育德中学教务处，现已辟为纪念馆的展厅。

冉庄地道战遗址 ❹

🏠 保定市西南 30 公里处清苑县冉庄
🚌 从保定长途客运站有发往冉庄的长途客车
🕘 9：00-16：30（周一闭馆）

　　老电影《地道战》是许多人耳熟能详的一部经典电影，这部电影中出现的地道的原型就是冉庄地道遗址。冉庄地道遗址的地道一般宽 0.7 ~ 0.8 米，高 1 ~ 1.5 米，上距地面 2 米多。地道结构与地上街道基本一致，以十字街为中心，顺沿东、西、南、北大街挖成 4 条干线地道，再由干线延伸出 20 多条支线，直通村外和周边几个村，最后挖成户户相连、村村相通、四通八达、上下呼应长达 16 公里的地道网。

唐山开滦矿山博物馆　滦州古城
唐山地震遗址公园
天津
周恩来邓颖超纪念馆
乐亭李大钊故居和纪念馆
河北
河北
渤海湾

> 这是天津著名的红色旅游线路，先在市区内参观周恩来邓颖超纪念馆，再去往唐山。说到唐山，很多人的脑中都会闪现出'唐山大地震'几个字，如今来到唐山可以去地震遗址公园凭吊一番。除此之外，唐山开滦矿山博物馆很值得一看，推荐井下游览项目。在唐山游玩过之后，还可以去滦州古城和乐亭李大钊故居和纪念馆一观。

玩几天 〉

2~3天

怎么去 〉

　　天津到唐山、唐山到滦县交通都很便利，可选择乘坐火车或汽车。滦县汽车站有直达乐亭的班车，车程约1小时。

玩什么 〉

周恩来邓颖超纪念馆 ❶

🏠 天津市南开区水上公园北路 1 号
🚌 乘坐观光 2 路、94、904、643、871、872 路等公交车均可到达
☎ 022-23529240
🕐 9：00-16：30（周一闭馆）

　　周恩来邓颖超纪念馆位于天津市水上公园风景区，是全国爱国主义教育示范基地。该馆建于周恩来百年诞辰纪念日前夕，是为了纪念人民总理周恩来及其夫人邓颖超的。

　　馆内藏品丰富，包含有三大展区：主展厅、中南海西花厅专题陈列厅、专机陈列厅。专机陈列厅里展示的是当年苏联赠送给周恩来总理的伊尔 -14 型 678 专机。

　　游览周恩来邓颖超纪念馆，是一次深刻体会伟人鞠躬尽瘁死而后已情怀的机会。

唐山地震遗址公园 ❷

🏠 唐山市岳各路 19 号
☎ 0315-5939728
🕐 地震遗址纪念公园 8：00-18：00，纪念馆 9：00-17：00（周一、周二闭馆）
🔗 http://www.tseqpark.com

唐山地震遗址纪念公园是世界上首个以"纪念"为主题的地震遗址公园，公园设计充分体现"敬畏自然、关爱生命、探索科学、追忆历史"的理念，以原唐山机车车辆厂铁轨为纵轴，以纪念大道为横轴，分为地震遗址区、纪念水区、纪念林区、纪念广场等区域。

地震纪念馆坐落在唐山市中心抗震纪念碑广场西侧，总建筑面积5 380 平方米。纪念馆建筑设计新颖别致，中间方厅耸立，周围圆厦环抱，屋面西高东低呈台阶状，向广场中心倾斜。馆内大厅正中矗立着江泽民同志的亲笔题词。该馆被省、市委命名为爱国主义教育基地，成为展示唐山的窗口和新唐山城市建设标志性建筑之一。

唐山开滦矿山博物馆 ❸

唐山市新华东道 54 号
0315-3024885
8：00-17：00（周一闭馆）

　　开滦国家矿山公园是一座以煤矿文化为主的大型主题公园，坐落在有着 136 年开采历史、被誉为"中国第一佳矿"的开滦唐山矿业公司，主要包括开滦博物馆、"中国第一佳矿"分展馆、"电力纪元"分展馆、井下探秘游、中国音乐城、三大工业遗迹等主题景区，其中，井下探秘游最具特色。

　　井下探秘游是从开滦博物馆的四楼乘坐闷罐式电梯，直接下到曾经开滦煤矿的矿井内，井下有当年矿工采集煤矿的现场，现在通过蜡像、声光电等复原了当年的采集场面，是了解煤矿工作情形的好去处之一。

滦州古城

🏠 唐山市滦县滦州镇
☎ 0315-7386204
🌐 http://www.luanzhougucheng.com

　　滦州古城紧邻滦河，地处交通要道，历史底蕴深厚。整座古城内的建筑以盛清时期建筑风格为基调，古香古色，典雅多姿，城内主要有东城门、关帝庙、紫金塔、青龙河、文庙等建筑，还有小吃一条街、古玩一条街、四合院客栈一条街等。

乐亭李大钊故居和纪念馆 ❺

🏠 乐亭县大黑坨村

　　故居是坐北朝南的三进宅院，三院一体，错落有致。院墙以十字花墙眼封顶的青砖围砌，显得质朴又不失美感。走进前院，迎面看到李大钊的铜像，铁骨铮铮，令人肃然起敬。东面 3 间厢房，曾是李大钊的伯父李任元教私塾的学馆。西面有两间敞面碾棚，放置着一盘石碾和石碑。进入二门是中院，李大钊就诞生在这里 3 间东厢房的北屋。中院北面是 6 间相连的正房，东面 3 间是李大钊的房间，曾经的家具物什和李大钊夫人赵纫兰的嫁妆等室内陈设，基本上保持着原有的生活气息。西面 3 间正房及 3 间厢房是李大钊三祖父李如璧的住所。穿过正房是后院，只见后院从中间以丈高的青砖院墙从南到北分为一宅两院，东院有两间厢房和两间敞面棚子。厢房是粮仓，少年李大钊为了求得安静之所，时常在这里读书作文，如今室内陈列着的方桌和书架都是李大钊使用过的。棚子为放置杂物所用。瞻仰故居，在缅怀伟人的同时亦可参观明清以来冀东农村民居一宅两院的"穿堂套院"建筑风格。

住哪里 〉

温斯顿南湖大房酒店

🏠 唐山市路南区建设南路南湖休闲美食广场 2-501
☎ 0315-6818889

唐山半日闲居客栈

🏠 滦县滦州古城醉花楼 28 幢
☎ 0315-7579988

" 石家庄与保定之间有一条颇具看点的红色旅游路线，现在石家庄市内参观烈士陵园，再去西柏坡，之后向往阜平和唐县，参观晋察冀军区司令部旧址和白求恩柯棣华纪念馆。路线不长却景点丰富，令人印象深刻。"

玩几天 〉

2 天

怎么去 〉

石家庄到西柏坡有直达班车，交通方便。从西柏坡回到石家庄，再乘车去往阜平，阜平汽车站有直达唐县的班车，车程大约 1 小时。

玩什么 〉

石家庄市华北军区烈士陵园 ❶

🏠 石家庄市桥西区中山西路 250 号
🚌 乘坐旅游 5 路、1、25 路公交车，在烈士陵园（石药集团）站下车
🕐 全天

石家庄市华北军区烈士陵园已有六十余年的历史，是我国兴建较早、规模较大、规格较高、建筑艺术品位较高的烈士陵园之一。1948年，朱德总司令来石家庄考察，提议为纪念牺牲在华北大地上的革命烈士修建一座陵园，1950年动工，四年后建成并对外开放。毛泽东、刘少奇、朱德、刘伯承、邓小平等多位党和国家领导人先后为该陵园的建立题词。

如今，华北军区烈士陵园占地面积达 21 万平方米，采用我国传统的主轴线布局，主要建筑分布在三条轴线上，东西对称，层次分明。院内主要有烈士纪念碑、铭碑堂、烈士纪念馆、烈士纪念堂、革命文物厅、白求恩大夫陵墓和"白求恩纪念馆"、柯棣华大夫陵墓和"白求恩及印度援华医疗队纪念馆"、董振堂、赵博生纪念碑亭、烈士纪念亭等建筑物，其中在铭碑堂有一幢大型汉白玉卧碑，上面镌刻着毛泽东的题词"为国牺牲，永垂不朽"八个贴金大字。

西柏坡 ❷

🏠 石家庄市西柏坡纪念馆
🚌 石家庄汽车北站有去往西柏坡的长途汽车
🕐 8：00-16：30

西柏坡因其作为中国解放战争的最后一个农村指挥所，作为提出了"两个务必"思想的七届二中全会的召开地，作为三大解放战役的指挥所，从而光耀史册。

作为红色旅游胜地，西柏坡的革命教育意义巨大。在其中缅怀先烈，学习艰苦朴素的战斗作风，接受精神的洗礼。这是一个无比神圣的地方。

保定阜平晋察冀军区司令部旧址 ❸

🏠 保定市阜平县城南庄
🚌 由阜平坐长途汽车至城南庄
🕐 9：00-16：30（周一闭馆）

作为保定的红色旅游目的地，参观晋察冀边区革命纪念馆的游客一直不少。晋察冀边区革命纪念馆记载着抗日战争和解放战争时期晋察冀辉煌的历史。从1937年到1948年，聂荣臻同志领导晋察冀军区以阜平为起点，创建了我军第一个敌后抗日根据地，首先在全国树立了敌后抗战的旗帜，被毛泽东同志授予"抗日模范根据地"的光荣称号。为缅怀先烈、教育后人，阜平县于1972年建立了城南庄革命纪念馆，这里被评为全国爱国主义教育基地和国家级文物保护单位。

唐县白求恩柯棣华纪念馆 ❹

🏠 唐县城北栖山前
☎ 0312-6415074

　　坐落在唐县城北钟鸣山下的白求恩柯棣华纪念馆，是为了纪念伟大的国际共产主义战士白求恩、柯棣华而建的。两位伟大的国际共产主义战士为中国及世界的反法西斯战争做出了卓越的贡献。他们的精神和事迹影响了一代又一代的中国人民，激励着我们的斗志。

　　白求恩柯棣华纪念馆是我国全国爱国主义教育基地，整个建筑为中国传统民族建筑形式，朱棱碧瓦、苍松翠柏，永记国际友谊。

住哪里 〉

神洲七星酒店

🏠 石家庄市裕华东路 86 号
☎ 0311-67797777

唐县金泰国际酒店

🏠 唐县县城国防西路 43 号
☎ 0312-5642222

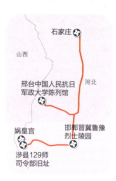

在冀南地区，可以在奇幻多变的自然景观中跋山涉水，可以在承载着历史的古迹中缅怀感慨，还可以参观红色旅游路线上的经典景点，多一个角度去认识这一片土地。

玩几天 〉

2 天

怎么去 〉

石家庄到邢台、邢台到邯郸交通都很便利，火车或汽车班次都很多。到达邢台后，可在汽车站乘坐去往浆水镇的汽车，在浆水镇下车，步行可到达中国人民抗日军政大学陈列馆。邯郸去娲皇宫需先乘汽车到涉县，再乘坐出租车到娲皇宫。

玩什么 〉

邢台中国人民抗日军政大学陈列馆 ❶

🏠 浆水镇前南峪生态旅游区附近

　　邢台中国人民抗日军政大学陈列馆是我国第一所反映中国人民抗日军事政治大学校史的陈列馆,主要由抗大陈列馆、抗大纪念碑、抗大旧居群、抗大碑林等部分组成,其中抗大陈列馆共有4个展厅,由序厅、"黄河之滨英雄集结""华北敌后岁月峥嵘""突围返陕东北办学""抗大旗帜插遍中国""群星闪烁继往开来"等几部分组成。

邯郸晋冀鲁豫烈士陵园 ❷

🏠 邯郸市陵园路
🚌 搭乘13路公交车,在烈士陵园站下车
🕐 8:00-17:00

　　晋冀鲁豫烈士陵园为纪念牺牲在晋冀鲁豫边区的革命烈士而建。其原址是由晋冀鲁豫边区参议会决议修建的,是抗日战争胜利后共和国首座宏大的革命纪念建筑。烈士陵园大门两侧镌刻着朱德题写的"晋冀鲁豫烈士陵园",以及毛泽东主席的手书"为有牺牲多壮志,敢教日月换新天"。园内巍然耸立着高24米的烈士纪念塔,塔的正面镌刻着毛泽东的题词:"英勇牺牲的烈士们千古无上光荣",纪念塔东、北、西三面分别为周恩来、刘少奇、朱德的题词。为纪念所有牺牲于晋冀鲁豫边区的革命烈士,墓内陈列着317名团职以上烈士英名录。其中有北方局军委书记张兆丰、八路军副参谋长左权、一级战斗英雄赵亨德,一级杀敌英雄王克勤等。这里还有革命先烈左权的纪念馆。

涉县 129 师司令部旧址 ❸

🏠 邯郸市西 100 公里的涉县赤岸村
🚌 从邯郸长途汽车站乘坐前往涉县的长途客车，下车后打车前往

　　129 师司令部旧址风景区由 129 师司令部旧址、将军岭和 129 师陈列馆三部分组成，占地面积 20 万平方米。现设有 6 个固定展室，即刘伯承、黄镇、李达遗物陈列室；军政办公室原状陈列室；反映抗日战争及解放战争时期的战地太行木刻版画展室和 3 个革命文物展室。同时开放的展厅还有 129 师司令部旧址中刘伯承、邓小平等人的旧居。在距 129 师司令部旧址约百米的庙坡山上，安放着刘伯承等将帅的灵骨，邓小平亲笔题写了"将军岭"的岭名。

娲皇宫 ❹

🏠 涉县索堡镇
🚌 从邯郸长途汽车站乘前往涉县的长途客车，下车后打车前往
🕐 8：00-17：00

位于河北省邯郸市涉县的娲皇宫，别名"奶奶顶""中皇山"，是神话女娲"炼石补天，抟土造人"的地方，是我国规模最大、创建时间最早、影响地域最广的奉祀女娲的历史文化遗存，列入我国五大祭祖圣地之一，有着"华夏祖庙"的美名。每年的农历三月初一至三月十八，是祭祀女娲诞辰的日子，届时娲皇宫会举办盛大的祭祀活动，此时人如潮涌。

娲皇宫始建于北齐时期，至今有1400多年历史，后屡遭焚毁，如今到这里所见到的建筑多为明清时期所建，北齐遗迹仅存石窟与摩崖刻经群，其后者也是该景点的精华所在，是我国现有摩崖刻经中时代最早、字数最多的一处，被誉为"天下第一壁经群"。除此之外，娲皇宫还有娲皇阁、梳妆楼、迎爽楼、钟鼓楼、六角亭、木牌坊、皮疡王庙、水池房、山门等建筑。

住哪里 〉

邯郸宾馆

🏠 邯郸市中华北大街74号（博物馆对面）
📞 0310-2113888

补天湖宾馆

🏠 邯郸市涉县娲皇宫景区内
📞 0310-3922222

休闲自驾游

P272-P274

P275-P277

休闲自驾游 1

从北京出发： 北京—官厅水库—草沿天路—张北中都草原—桦皮岭

休闲自驾游 2

从北京出发： 北京—雁栖湖—承德丰宁大滩—木兰围场

P278-P280

P281-P285

休闲自驾游 3

从天津出发： 天津—赤城—崇礼

休闲自驾游 4

从石家庄出发： 石家庄—辛集—武强—沧州

> 这是北京周边非常有名的自驾路线，尤其是在夏天，前来避暑的、骑马的、摄影的等各种游人，络绎不绝。此时，草原上的活动也丰富，骑马、篝火晚会等将张北中都草原装点得缤纷夺目。

玩几天 〉

2 天

怎么去 〉

北京市区距离官厅水库约 121 公里，走京藏高速、G110 即可。官厅水库距离草原天路约 137 公里，走京藏高速、G207，车程约 2 小时，后段景色绝佳。草沿天路到张北中都草原很近，约 37 公里，走 G207、Y023，车程约 1 小时。张北中都草原距离桦皮岭约 80 公里，走 X453、S242 即可，沿途的景色很美，深受摄影爱好者喜爱。

玩什么 〉

官厅水库 ❶

🏠 河北省张家口市怀来县和北京市延庆县界内

　　官厅水库距北京105公里，是京郊游的著名景点。其动工于1951年10月，竣工于1954年5月，是新中国成立后建设的第一座大型水库，具有非凡的意义。

　　官厅水库是永定河的源头，被夹在两列青山之间，水面开阔，碧波荡漾。在水库南岸有陡峭的岩岸和细腻的沙滩，以及大片的果园，是众多在京人士周末休闲的最佳去处之一。

草沿天路 ❷

🏠 河北省张家口市张北县境内

　　这条公路建成于2011年，全长132.7公里，连接崇礼滑雪温泉大区和张北草原风情旅游区。这条柏油路不宽，但沿途景色很美，可看到山高坡陡、沟壑纵深，深受摄影爱好者们的喜爱。

张北中都草原 ❸

🏠 张北县城北 20 公里处

　　张北中都草原以度假村的形式经营。中都草原海拔 1 400 米，属大陆季风性高原气候，特点是春秋短，冬季长，夏季无风无暑，清凉舒爽。其 7 月平均气温 17.4℃，盛夏超过 25℃的天气也屈指可数，非常适宜消夏避暑。这里从 6 月至 10 月为丰草期，草高数尺，碧波万顷，苍茫浩荡，景色宜人。

桦皮岭 ❹

🏠 河北省张家口市崇礼县

　　俗话说"天下十三省，冷不过桦皮岭"。这里年均气温只有 4℃，盛夏 7 月温度也只有 15℃，夏天是到桦皮岭旅游最美好的季节。桦皮岭坐落在燕山余脉的大马群山之中，海拔从 1 900 米延至 2 128.7 米，最高海拔 2 128.7 米，是京西最高峰，有"子天山"之称。

　　桦皮岭的背坡原始桦木葱葱郁郁，各种山花野草有一米多高，漫过山坡山岭。这里有野黄花、金莲花、野玫瑰、芍药花、干枝梅、凤帽菊、蘑菇等野生植物三百多种。山花烂漫再加上凉风习习，是夏季北方地区最佳的避暑地。

住哪里 ＞

宏昊假日大酒店

🏠 张家口张北县兴华东路
☎ 0313-5399999

张北中都大营农家院

🏠 张家口张北中都草原景区
☎ 13331312592

从北京出发：北京—雁栖湖—承德丰宁大滩—木兰围场

休闲自驾游 2

盛夏时节，很多人会选择在这条路线自驾游，欣赏碧波荡漾的雁西湖，直奔一望无际的草原，与蓝天白云相约。很多摄影爱好者也会在白雪皑皑的冬季选择来木兰围场，拍摄浑然天成的冰雪世界。

玩几天 〉

2~3 天

怎么去 〉

　　北京市内距离雁西湖约 71 公里，走京承高速、大广高速即可。雁西湖距离承德丰宁大滩约 202 公里，走 G111、S244 即可，车程约 4 小时，沿途风景会慢慢变好。承德丰宁大滩距离木兰围场约 175 公里，走 G239、御克公路即可，车程约 3 小时 20 分钟，一路景色非常棒，空气清新。

玩什么 〉

雁栖湖 ❶

🏠 怀北镇雁水路3号

雁栖湖位于北京市怀柔区的燕山脚下，距离城北约8公里，该湖泊水质清澈，景色秀丽，水面平静，是一处难得的京郊旅游胜地。2014年11月5日APEC峰会在此拉开帷幕，使得原本名满北京的雁栖湖，享誉世界。

雁栖湖因春秋两季常有成群的大雁来此栖息而得名，其三面环山，空气潮湿，景区内植被覆盖率90%，每逢春夏季节，呈现一片翠绿景象，由于山上有枫树和火炬树，到了秋天山上色彩斑斓，是欣赏红叶的好地方。景区内还有众多娱乐项目，如快艇、大客船、画舫船、龙船、水上飞伞、水上跑车、划水等，深受游客喜爱。

承德丰宁大滩 ❷

🏠 河北省承德市丰宁满族自治县

丰宁县大滩镇，有众多名字，如丰宁坝上、大滩草原、京北草原、丰宁草原、坝上草原、京北第一草原等。这片草原面积广阔，总面积达350平方公里，平均海拔1487米，夏季凉爽，最高气温不超过24℃，是京郊避暑的理想去处。

每到夏季，尤其是七、八月份，草原上碧草连天，百花争艳，金针花、野罂菜、干枝梅、金莲花盛开，异常美丽。此时，草原上会有很多娱乐活动，如篝火晚会、民族歌舞、赛马、射击、射箭、滑翔机等，热闹非凡。

木兰围场 ❸

🏠 承德市北部
🕐 8：00-17：30

　　木兰围场曾是清代皇帝举行"木兰秋狝"之所。据悉中秋前后是鹿求偶交配的季节，此时猎人们头戴鹿头帽吹起木制笛哨，模仿鹿求偶的声音，诱鹿捕杀。满语称之为"木兰"，即"哨鹿"之意。盛夏时节，这里气候清凉，绿草如茵，游人在观光、骑马、采集鲜花、蘑菇之余，还可体验滑草的乐趣。隆冬时分，白雪皑皑，银装素裹，在林海深处，是人们滑雪的最佳去处。

　　虽然现在我们不能在木兰围场体验狩猎活动，但是木兰围场凭借独特优美的风景成了摄影爱好者的必去之处。这里是风光摄影、婚纱摄影的外景集散地。盛夏时节，这里的气温总保持在 15 ℃ 左右，清爽宜人。野草遍布山坡与沟谷，与茂盛的树林交相掩映成趣。来这里游玩最好选择尝试骑马，策马奔腾的感觉惬意无比。

住哪里 〉

丰宁牧场乐园假日酒店

🏠 承德市丰宁大滩镇北庙村
☎ 13932493679

> 这条路线特别适合两个季节，一个是夏季，一个就是冬季。夏季，到大海陀消夏避暑，到崇礼看漫山遍野的野花；冬季，到赤城泡温泉，到崇礼滑雪。对于自驾的游客来说，无论从天津出发，还是北京出发，都非常方便。

玩几天 〉

2天

怎么去 〉

从天津出发走京津高速、京藏高速即可达到赤城。赤城县走S345、S242即可到达万龙滑雪场。

玩什么 〉

赤城温泉 ❶

🏠 河北省张家口市赤城县汤泉路

　　赤城温泉又名汤泉，有"关外第一泉"的美称。赤城温泉赤城县城西7.5公里的苍山幽谷之中，分为总泉、眼泉、胃泉、平泉、气管炎泉、冷泉，由于地区、水温不同，温泉所含的化学物质各不相同，所以每眼泉的保健效果也各不相同。

大海陀国家级自然保护区 ❷

🏠 河北省张家口市赤城县

　　大海陀国家级自然保护区位于赤城县西南，主峰海坨山海拔2 241米，是首都之北第二高峰。保护区内生态环境复杂多样，拥有众多植物、动物，植被垂直分布明显，包罗了从温带到寒温带的自然景象，景色各异。

崇礼万龙滑雪场 ❸

🏠 崇礼县红花梁万龙滑雪场
☎ 0313-4617676

　　在滑雪圈，崇礼这个地方很是知名，而且大家都叫它"崇礼国"。这里每年从10月到次年5月会下雪，有些年份甚至9月底或6月初山里面还飘雪花。这里积雪期长，从10月底到第二年的4月中旬山林里面都被白雪所覆盖。

住哪里 ❯

张家口财政宾馆

🏠 赤城温泉度假村汤泉路
☎ 0313-6481030

张家口赤城通泰温泉大酒店

🏠 赤城温泉度假村汤泉路
☎ 0313-7607777

> 这是一条融合购物、文化、自然风景于一体的路线，非常适合全家周末休闲游玩。先在辛集逛皮革城，到了武强可以参观博物馆，最后在沧州欣赏古建筑和湿地风光，还能品尝当地特色美食。

玩几天 〉

2~3天

怎么去 〉

　　石家庄走黄石高速、教育路即可达到辛集国际皮革城，全程约76公里。辛集国际皮革城到武强县约76公里，走G307、黄石高速即可。武强到沧州约96公里，走黄石高速即可。

玩什么 〉

辛集国际皮革城 ❶

　　如今的旅行，不仅是游览景点，去各地购买当地特色产品，也是必备行程。石家庄的辛集皮革城就是很多人的购物必去之处。它坐落于久负盛名的河北省辛集市。辛集皮革业历史悠久，始于明，盛于清，素有"辛集皮毛甲天下"之美称。改革开放以来，辛集皮革这一传统产业得到迅猛发展，被国家命名为"中国皮革皮衣之都"。皮革城是河北省重点项目，也是河北省旅游业"十二五"重点项目。总规划为"一城十个中心"，总占地3 000亩，总建筑面积239万平方米，总投资88.6亿元。全部工程建成后，辛集国际皮革城将成为全国最大世界一流的皮革、裘皮衣、尼克服、皮具的生产基地和销售中心。

　　值得一提的是缺少自然景观和迷人风光的辛集市，硬是凭着一个"皮"字引来八方游客，成为中国北方唯一个以皮革为主题的4A级旅游景区。

武强年画博物馆 ❷

🏠 武强镇新开街1号

武强，1993年被文化部誉为"中国木版年画之乡"。"中国民间木版年画出版研究会"的会址就设在武强年画博物馆。武强年画博物馆是目前我国年画专业规模最大、藏品最丰富且陈列形式最受欢迎的博物馆。该馆占地总面积25 100平方米，陈列面积2 500平方米，共有九个展厅和两个画廊，馆藏明清以来历代年画精品3 788件。武强县一向有"年画之乡"的美誉，距今约有500年的历史。它与天津杨柳青、江苏桃花坞、山东潍坊、四川绵竹年画齐名，是中国的五大年画产地之一。

清真北大寺 ❸

🏠 沧州市新华区解放中路南侧

清真北大寺又称"沧州清真北大寺"，与广州怀圣寺、泉州清真寺、济宁清真寺并称"中国四大清真寺"，第一部汉译《古兰经》就在此诞生。清真北大寺始建于明建文四年（1402年），落成于永乐十八年（1420年），清代、民国时期曾修葺两次。

清真北大寺，占地面积8千平方米，规模宏大。礼拜大殿为砖木结构，庄严宏伟，由前中后三殿和古棚组成。殿顶上有"五脊六兽"，雕刻精细，值得观赏。

沧州铁狮子 ❹

🏠 沧州市东南 20 公里沧州旧城开元

沧州铁狮子简称"铁狮子"，又叫"镇海吼"，是沧州的标志性景点，更是我国著名的古迹。在狮子颈的右侧有"大周广顺三年铸"七个字，若按此推算，这座狮子距今已有一千多年的历史，显示出古代汉族人民的智慧和艺术才华，被列入我国第一批重点文物保护单位。

铁狮身高 3.8 米，头部高 1.5 米，通高 5.48 米，通长 6.5 米，身躯宽 3.17 米，总重量 29.30 吨，无论是从体积还是重量上算，都堪称是我国最大的铁狮子。

南大港湿地 ⑤

🏠 沧州市吴桥县桑园镇京福路 1 号

南大港湿地位于滨海平原，是我国北方滨海湿地的重要组成部分，更是候鸟南北迁徙带与东西迁徙带的交汇点。湿地分为泻湖洼地、浅槽型洼地、岗地和高平地等，视野辽阔，是观赏候鸟的最佳地点。每逢盛夏时节，湿地内满目青翠，芦苇摇曳，景色宜人。

历史
文化 游

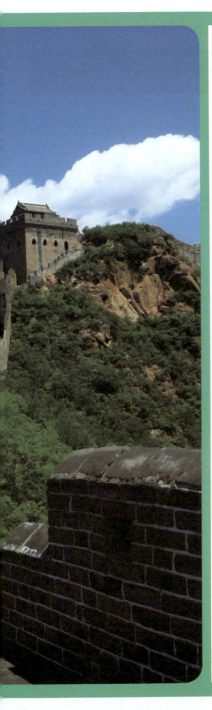

P288-P293

历史文化游 **1**

从北京出发: 北京—金山岭长城—承德避暑山庄—遵化清东陵—蓟县独乐寺

P294-P297

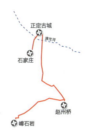

历史文化游 **2**

从石家庄出发: 石家庄—正定古城—赵州桥—嶂石岩

P298-P304

历史文化游 **3**

从天津出发: 天津—天津五大道、意式风情街—吴桥杂技大世界—衡水内画博物馆—武强年画博物馆—廊坊

> 这条路线上的景点几乎囊括了北京周边最有分量的名胜古迹，从蜿蜒的金山岭长城，到气势宏伟的避暑山庄、清东陵，再到古朴清幽的独乐寺，观看每一处景点都犹打开一幅历史画卷。

玩几天 》

3天

怎么去 》

　　在东直门乘坐旅游专线980路可直达金山岭长城。在金山岭长城乘坐出租车到达京城公路口，在此可等到北京到承德的大巴。在承德乘坐到玉田的班车，中途在清东陵下车即可。清东陵有直达蓟县的班车，且车次频繁，交通方便。

玩什么 〉

金山岭长城 ❶

🏠 承德滦平县巴克什营镇花楼沟村
🚂 乘火车到古北口后转当地的旅游车（在火车站购旅游景点门票后可免费乘火车）
🕐 8：00-17：00

　　金山岭长城东面是雾灵山，西面是卧虎岭，南通京都，北达坝上，是进出塞内外的咽喉要道，也是历史上兵家必争之地。金山岭长城是万里长城的精华地段，素有"万里长城，金山独秀"的美誉，因其景色秀美，备受户外运动爱好者的喜爱，很多人都在此徒步。

　　金山岭长城东起望京楼，西至龙峪口，全长 10.5 公里。隆庆元年（1567 年），由明代爱国名将戚继光主持修建。金山岭长城堪称我国万里长城的精粹，"文字砖、障墙、挡马墙、麒麟影壁"堪称长城四绝，比起闻名中外的八达岭，有过之而无不及。

承德避暑山庄 ❷

🏠 承德市丽正门路 20 号
🕐 8：00-17：30

遵化清东陵 ❸

🏠 唐山市遵化市西北部的昌瑞山下
🕐 8：00-18：00

避暑山庄也叫热河行宫、承德离宫，是清代皇帝避暑和从事各种政治活动的地方，占地面积约 560 万平方米，庄是我国现存规模最大、建筑风格最独特的皇家园林。

在承德避暑山庄外围，分布着 12 座大大小小的寺庙。当年有八座寺庙由清政府理藩院管理，于北京喇嘛印务处注册，并在北京设有常驻喇嘛的"办事处"，这八座寺庙都在古北口外，故统称"外八庙"，久而久之，"外八庙"便成为这 12 座寺庙的代称。

清东陵由五座皇陵组成，分别是顺治帝的孝陵、康熙帝的景陵、乾隆帝的裕陵、咸丰帝的定陵、同治帝的惠陵，以及东（慈安）、西（慈禧）太后等的后陵四座、妃园五座、公主陵一座，共计埋葬了 14 位皇后和 136 位妃嫔。清东陵的整体规模较之清西陵更加庞大壮观，毕竟这里埋葬了清王朝鼎盛时期的两位建树卓越、功业千秋的皇帝以及衰败时期穷尽奢侈的西太后。这里四壁环山，两条河流潆绕东西，是个追古回忆的好地方。

当年顺治到这一带行围打猎，被这一片灵山秀水所震撼，当即传旨"此山王气葱郁可为朕寿宫"。清东陵有中国保存最完整的、长6 000多米的孝陵主神道，乾隆地宫精美的佛教石雕连班禅都赞不绝口称之为"不可多得的石雕艺术宝库"。清东陵的15座陵寝是按照"居中为尊""长幼有序""尊卑有别"的传统观念设计排列的。入关第一帝世祖顺治皇帝地位最高，他的孝陵当然就安置在整个清东陵的主轴线之上，两侧其他皇帝及太后的各个陵寝按尊卑依次呈扇形向东西方向排列开来。乾隆的裕陵规模最大、最为壮观，不过裕陵的豪华程度还不及慈禧的普陀峪定东陵。定东陵的精巧建筑是首屈一指的，连整个陵寝的木构架都是全部采用黄花梨木搭建的，陵寝前的殿前丹陛石雕工极其精巧，上面的蛟龙盘凤更是惟妙惟肖，有种呼之欲出的感觉。来清东陵游玩，不仅能够感受到历史的沧桑、尘世岁月的无情，也能品鉴出中国建筑、雕刻的工艺水平之高、审美趣味之不俗。

蓟县独乐寺 ❹

🏠 天津市蓟县武宁街41号

🚌 乘蓟县1、531路公交车，在独乐寺站下车；或从长途汽车站下车后步行前往，约15分钟

☎ 022-29142904

🕐 8：30-17：30

独乐寺相传创建于唐贞观十年（636年），由尉迟恭监修。辽统和二年（984年），秦王耶律奴瓜重建。独乐寺入口山门里有一对辽代的彩塑圣像，异常珍贵，近10米的"哼、哈"两位金刚大力士像守在山门怒目圆睁地审视着过往人群。

这里俗称大佛寺，寺内观音阁中供奉的无价珍宝——十一面观音，造于辽代，距今已1 000多年，因其高16.08米，头上10个小佛头加上本尊共十一张脸故得此名，最近一次上色是在明代。十一面观音是中国最大的泥塑观音站像，只有登上观音阁的第三层才能一睹她的芳容。她神态慈祥，服饰妆容的色彩依旧鲜艳如新。走到外廊，抬头就能看到的巨大横匾"观音阁"三字出自

大诗人李白之手。漫步一周，几何美学设计的飞檐，就连铜铃都那么精美。

观音阁是我国现存最古老的木结构楼阁，面阔五间，进深四间，上下两层，中间设平座暗层，通高23米。这里还有许多辽代的建筑和雕塑，历经岁月的沧桑，已经褪去光华，尽显本色。寺内有一尊韦驮像，双手合十，区别于很多持法器的韦驮像，这种呈恭迎姿态的并不多见。这里的环境清幽，少有喧杂，彰显了佛门净地的本色。

住哪里 〉

紫御国际假日酒店

🏠 承德市双桥区武烈路6号
☎ 0314-7771777

清风宾馆

🏠 清东陵旅游区乾隆陵停车场外
☎ 0315-6949216

> 可以说，这条路线上的景点是距离石家庄最近的、最有名的历史古迹之一，周末就可以前往。北京、天津去往石家庄都很方便，周末也可以游玩这条路线。

玩几天 〉

3 天

怎么去 〉

石家庄火车站出来乘坐 31 路公交车到正定小商品批发市场站下车，再换乘 2 路公交可直达正定古城。在石家庄南焦客运站有直达赵县的班车，在赵县广场下车，再乘坐出租车即可到达赵州桥。在赵县汽车站乘坐到达赞皇的班车，赞皇有直达嶂石岩的班车。

玩什么 〉

正定古城 ❶

🏠 河北省石家庄市正定县
🚌 石家庄乘坐 148 路公交车可达

正定是三国名将赵云的故乡，在历史上的正定曾与保定、北京并称为"北方三雄镇"，至今正定的南城门还嵌有"三关雄镇"的石额。正定古城已有 1 600 多年历史，现存城墙为明代遗存。城内有隆兴寺行宫、赵云庙、临济寺澄灵塔、天宁寺凌霄塔、广惠寺华塔、开元寺须弥塔唐代钟楼、荣国府宁荣街、县文庙大成殿、府文庙戟门、唐代风动碑、梁氏宗祠、蕉林书屋、崇因寺藏经楼、王家大院、马家大院等建筑。

赵州桥 ❷

🏠 赵县赵州桥

赵州桥可谓是知名景点，又称安济桥，建于隋代大业年间（公元605—618年），由著名匠师李春设计和建造，距今已有1 400年的历史，是当今世界上现存最早、保存最完整的古代敞肩石拱桥。

赵州桥之所以知名，除了它拥有那么多第一之外，和我们上学时学的那篇文章也不无关系。在我们懂事时就常听长辈们给我们唱着那首歌谣：

"赵州桥儿鲁班爷儿修，张果老骑驴桥上走，柴王爷推车桥上走……"。所以很多人对于赵州桥的情怀都来自于这些诙谐有趣的神话传说。这些传说经过我们的想象加工而变得非常美好，但当你真正来到赵州桥，看到它饱经沧桑地横跨在河上的时候，多少会感受到岁月飞逝的匆忙感。

嶂石岩 ❸

🏠 石家庄赞皇县嶂石岩景区管理处
🕐 8：00-17：00

嶂石岩景区面积约 120 平方公里，最高点黄庵垴，海拔 1 774 米。以嶂石岩命名的嶂石岩地貌和丹霞地貌、张家界地貌并称为中国三大旅游砂岩地貌。据说这里的景色可以概括为"三栈牵九套，四屏藏八景"。三栈即三条古道；九套即连接三条古道的九条山谷；四屏乃整体看似四道屏障一样而又相对独立的四个分景区（九女峰、圆通寺、纸糊套、冻凌背）。这四个景区中有九仙聚会、岩半花宫、晴天飞雨、回音巨崖、槐泉凉意、冻凌玉柱、重门锁翠、叠嶂悬钟八处胜景。天然回音壁、冻凌玉柱、雾洞、佛光被称为"嶂岩四绝"。

住哪里 〉

金星假日大酒店

🏠 正定县旺泉南路 58 号
☎ 0311-88258888

元昇宾馆

🏠 正定县兴荣路 37 号
☎ 0311-88020448

> 这是一条很有特色，但又有点儿偏冷门的旅游路线。从天津出发，一路向西南方向走去，到了武强转而往北直奔廊坊。廊坊地处北京和天津之间，因此这条路线同样适用于北京出发。

玩几天 〉

2~3 天

怎么去 〉

　　天津到吴桥可乘坐火车，约3小时的车程。吴桥到衡水可乘坐汽车，但班次较少，去之前最好确认一下时间。衡水汽车站到武强的班车很多，约1小时的车程，很便利。武强到廊坊需先乘车到衡水，再换车到廊坊。

玩什么 〉

天津五大道 ❶

🏠 和平区重庆道 70 号
☎ 022-23142954

五大道风情区实则为六大道,分别为成都道、重庆道、常德道、大理道、睦南道、马场道地区,时间久了,也就习惯称之为"五大道"。但五大道共有 22 条马路,总长度为 17 公里。五大道有着浓厚的历史感,是近现代天津历史的一个体现,蕴藏着丰富的文化内涵,是每一位来天津的人都要去的地方。

五大道位于原先的英租界内,它最吸引人的就是那些风格迥异的欧陆风情小洋楼,这里汇聚着英、法、意、德、西班牙等国的各式风貌建筑 230 多幢,名人旧宅 50 余座,被誉为"万国建筑博物馆"。在睦南道短短 3 000 米的长度,就有风貌建筑 74 幢,名人故居 22 处,每一处都留下了众多名人足迹,充满了传奇故事。

除此之外,五大道地区的地名有三个特点:一是独立宅邸多,里巷数量少,而名人名楼概以门牌为标志,不另命名,不设匾牌;二是街巷名称以"里"为主,"胡同"之名在这里已销声匿迹;三是出现了"大楼""别墅""村""坊"一类公寓庄园的通名,如香港大楼、马场别墅、剑桥大楼、安乐村、育文坊等。

意式风情街 ❷

🏠 河北区光复道 39 号

☎ 022-24466555

　　意式风情街位于天津市河北区，是由五经路、博爱道、胜利路、建国道四条道路合围起来的一个四方形地区，这里曾是意大利租界区，完整地保留下来 200 余栋原汁原味的意式建筑。如今这里已经成为天津著名的一处集旅游、商贸、休闲、娱乐和文博为一体的综合性多功能区。

　　在意式风景街内保存了大量的名人故居，如袁世凯故居、梁启超故居、吴毓麟故居等，除此之外，天津市规划展览馆、马可波罗广场等建筑。

吴桥杂技大世界 ❸

🏠 吴桥县京福路 1 号
🕐 8：30-18：00

　　沧州市吴桥县是我国杂技发祥地之一，被国内外杂技界公认为"中国杂技之乡"。吴桥杂技大世界兴建于 1993 年，占地 200 公顷，集游乐、人文、博物、民俗、杂技培训、比赛交流于一体，是中国最大的民俗旅游景区和世界唯一的杂技主题公园。

　　吴桥杂技大世界内有江湖文化城、魔术迷幻宫、红牡丹剧场、马戏游乐园、吴桥杂技博物馆、滑稽动物园等景点，在此还能欣赏著名的"江湖八大怪"表演。

衡水内画博物馆 ❹

🏠 衡水人民西路
🕐 8:00-17:00

武强年画博物馆 ❺

🏠 武强镇新开街 1 号

　　说到内画，也许人们并不能理解，但是说起鼻烟壶相信知道的人就多了，其实内画起源于画鼻烟壶。内画的画法是以特制的变形细笔，在玻璃、水晶、琥珀等材质的壶坯内，手绘出细致入微的画面。内画界主要分为四大派系，即京派、冀派、鲁派和粤派。冀派内画以善绘山水、花鸟、动物、草虫、人物肖像等著称。

　　展览馆共分四层，集中展示了中国古代料器、玉石、有机物、金属、陶瓷、内画六大类鼻烟壶，全面展现了鼻烟壶这一集中国多种工艺之大成的袖珍艺术品。如今，很多孩子小的时候就会去学内画，慢慢地成为手艺人。和珅就是一个鼻烟壶收藏家，据说其东窗事发后，仅从其家中抄出的鼻烟壶就数以万计。

　　武强年画博物馆位于衡水市武强县，建立于 1985 年，是我国第一家年画专业博物馆。该博物馆占地总面积 25 100 平方米，馆藏文物 10 000 余件。现有 5 个展厅和一个仿古年画作坊，分别是"年画的源流与发展""历史上的辉煌成就""具有革命传统的近现代武强年画""如今年画发展的新格局""各地年画呈异彩"和传统工艺作坊。

廊坊文安洼 ❻

🏠 廊坊永清县内

　　岁数大一点儿的人都知道这样一句话："文安洼，三宗宝，地梨儿，榨（zha 三声）菜，三棱草"。

　　这三宝曾经帮助文安洼以至周围十几个县的穷苦百姓度过了最艰苦的岁月，老一代的文安人对它们有着深厚的感情。他们常常想起 1939 年日寇在大清河扒堤放水，想淹死、困死刚刚建立起来的抗日武装；1942 年，日寇没收稻谷，要把文安人民一年的辛苦充作军粮的艰难岁月。就是日寇这些罪恶行径，把文安洼的老百姓推向了死亡的边缘。文安洼的老百姓要吃没吃，要穿没穿，成群结队到洼里打地梨，到水里捞榨菜，靠着大自然的恩赐，渡过了一个个难关，顽强地活了下来。

茗汤温泉 ❼

🏠 霸州市益津北路 45 号
🕐 8：00-2：00

　　茗汤温泉属于苏打型地热温泉，为碳酸氢钠泉。井口水温约 60℃，水质清澈无味，水中含有多种对人体有益的微量元素和矿物质，如锂、锶、锌、澳、碘、偏硅酸、偏硼酸。景区按四星级标准建造了日式汤屋、中日式双标房、豪华套房等不同规格客房百余间，豪华别致的用餐大厅及豪华包房，可容纳数百人同时进餐，名厨主理，推出湘菜、粤菜、川菜、台湾风味。

廊坊自然公园 ⑧

🏠 廊坊市西外环路
🕐 8：00-18：00

廊坊自然公园，占地 193 万平方米，林地覆盖率达 90% 以上，林冠密度 0.8，公园中部为占地 6 万平方米的人工湖，还有一些和各种动物"亲密接触"的游乐项目。以人工湖为中心，湖西土山上新建文化碑林，湖北设有动物观赏区，湖东侧草坪大小各异 8 只汉白玉大象雕塑栩栩如生。公园东北部建有岩石园，南侧建以清代四合院格局的"京韵风情"俱乐部，豪华典雅，古色古香。园内还陆续开辟了青年林、巾帼林、八一林、亲子林、公仆林、市民林等多块纪念林地。在廊坊想亲近大自然的话，廊坊自然公园是最好的去处。如果你恰巧旅行至此，去体验一下也不错。

住哪里 》

衡源酒店

🏠 衡水市桃城区站前西路 29 号（火车站旁）
☎ 0318-2298888

昆仑大酒店

🏠 衡水市和平中路 24 号（和平路与自强街交汇处）
☎ 0318-2898888

淮鑫酒店

🏠 廊坊市安次区银河南路 97 号
☎ 0316-2292999